연애를 잘하려면 진심을 버려라!

미친 연애

연애를 잘하려면 진심을 버려라!

미친 연애

초판 1쇄 발행일 | 2011년 5월 10일
초판 22쇄 발행일 | 2022년 11월 10일

지은이 | 최 정
펴낸이 | 이우희
펴낸곳 | 도서출판 좋은날들

출판등록 | 제2011-000196호
등록일자 | 2010년 9월 9일
일원화공급처 | (주)북새통
(03938) 서울시 마포구 월드컵로36길 18 902호
tel. 02-338-0117 | fax. 02-338-7160
이메일 | igooddays@naver.com
디자인 | G-Frog 디자인

copyright ⓒ 최정, 2011
ISBN 978-89-965123-3-2 03810

미친 연애

연애를 잘하려면 진심을 버려라!

The Crazy Love

최정 지음

좋은날들

프롤로그

연애에 미쳤더니
사랑이 보이더라

내 이름은 최정이다.

스무 살 무렵부터 바람둥이 생활을 시작해 나는 이제껏 900명 정도의 여자를 만났던 것 같다.

세상의 모든 여자를 얻을 수 있을 거라 자만했고 여자를 유혹하는 일을 일종의 게임으로 여겼던 시절이었다. 상대가 나를 얼마나 사랑해주고 위해 주든 '사랑한다'는 말을 들으면 무조건 헤어지고 새로운 여자를 찾았다. 그렇게 16년의 세월 동안 수없이 많은 여자와 만나고 헤어지던 중에 어느 날 문득 한 가지 의문이 들었다.

'단 한 번만이라도 내가 진정한 사랑을 한 적이 있었을까?'

나는 못생겼다. 그냥 못생긴 정도가 아니라 정말 대책이 없을 정도로 못생겼다. 한때 부모를 원망한 끝에 성형외과를 찾았더니 "2년 정도 일정으로 차근차근 생각해보죠."라는 말에 발길을 돌린 적도 있었고 여자친구들에게 "너처럼 생긴 애를 내가 왜 좋아하는지."라는 말도 참 많이 들었다. 심지어 내가 태어났을 때 아들을 낳았다고 동네에서 잔치를 했는데, 이불보에 감춰진 얼굴을 보더니 "그래도 아들이니 다행이네."라는 말들이 많았다고 한다.

가장 충격적인 사건은 초등학교 2학년 시절 짝을 정할 때였다.

어쩔 수 없이 같이 앉게 된 여자아이가 선생님에게 나와 앉기 싫다며 투정하는 것이었다.

"저 이 애랑 짝지 하기 싫어요."

"안 돼. 너만 봐줄 수는 없어. 안 그러면 부모님 모시고 와야 돼."

그 애는 결국 다음 날 부모와 함께 학교에 왔다.

못생긴 얼굴에 대한 설움은 나이를 먹으면서 더해 갔다.

"너 여자친구는 있어?"

"여자랑 키스는 해봤어?"

이런 소리를 듣는 게 너무 싫었다. 하지만 외모만으로 무시당하는 게 억울하기는 해도, 그렇다고 어쩌랴. 잘생긴 놈이 담배를 피우면 "너무 멋져요!" 하다가도 나처럼 못생긴 놈이 담배를 피우면 "너 그거 피우고 빨리 죽어라."는 식으로 말하는 게 세상인심이니까.

나는 세상에 보여주고 싶었다. 비록 타고난 얼굴은 평균에 한참 못 미쳐도 스스로를 바꾸고 세상에 보란 듯이 연애하고 싶었다.

이후 부단한 노력을 통해 나는 그렇게 될 수 있었다. 빠르면 한두 시간, 대개는 일주일 내에 여자의 마음을 얻는 수준에 다다르게 되었다.

♥ 슈렉 같은 외모로 900명의 여자를 사로잡다

못생긴 건 하루라도 빨리 인정하는 게 좋다. 하지만, 대책 없이 못생기면 안 된다. 나는 어떻게 해서 슈렉 같은 외모로 그처럼 많은 여성의 마음을 사로잡을 수 있었을까? 믿지 않을 사람들이 많을 것 같아 본문에 앞서 한 가지만 그 비결을 소개하겠다.

나는 소개팅 자리에서 처음 여자를 만날 때 꽃다발을 준비해서 건네곤 한다. 그리고 이렇게 말한다.

"못생겼다고 인상 쓰지 말라고 주는 거예요. ㅎㅎ"

이렇게 말하는데 상대 여자가 '그래, 넌 못생겼으니까 꺼져줄래'라고 말할까? 대개는 "아뇨, 그렇게 심한 건 아닌데……."라는 반응이 되돌아온다. 여기에 나는 몇 마디를 덧붙인다.

"이 꽃다발은 용도가 또 하나 있어요."

"뭐요?"

"둘이서 같이 걷다가 그쪽이 아는 사람을 만나면 꽃으로 제 얼굴을 빨리 가리세요."

이쯤이면 대다수 여자들이 웃음을 터뜨리고 분위기는 금세 화기애애해진다.

"못생긴 만큼 잘해드릴게요."

이게 나의 연애 모토 중 하나이자 처음 만나는 여자에게 곧잘 써먹는 대사다. 간혹 "저는 비위가 약해서 못생긴 남자들은 못 만나요."라는 여자들도 있는데, 그래서 생각해낸 게 바로 '봉지 스킬'이다. 주머니에서 비닐봉지를 꺼내서는 "그럴 줄 알고 여기 비닐봉지 가지고 왔어요. 마음껏 토하세요. ㅎㅎ"라고 말하는 것이다.

이렇게 해서 만난 여자 중 한 명은 훗날 내게 이렇게 말했다.

"그때 궁금했었어. 이 정도 센스를 가진 남자라면 얼굴은 못생겨도 만나볼 수는 있다고."

나는 외모가 많이 떨어진다는 사실을 스스로 잘 알기에, 그것을 가리기 위해 정말 많은 노력을 했다. 유머와 화술을 부지런히 익힌 외에도 요리사 자격증을 2개 취득했고 살사 댄스, 색소폰, 피아노를 배웠다. 또 무엇보다 여자가 원하는 게 뭔지, 그 마음을 들여다볼 수 있게끔 여자의 말, 행동을 살피고 또 살폈다.

현실을 부정하면 그 현실 속에서 정말 답을 찾을 수 없게 된다. 인정하기 싫겠지만 인정을 해야만 해결의 실마리도 보이는 법이다. 연애도 마찬가지다.

나는 얼굴이 못생겼으니까, 나는 배운 게 없고 돈도 없으니까.

이런 말들은 핑계에 불과하다. 지금부터라도 하나하나 고쳐 나가면 된다. 다만 '진심으로 사랑하면 언젠가는 그 마음이 통할 것이다'라는 따위의 이야기는 믿지 마라. 사랑은 눈에 보이지 않지만 눈에 보이게끔 해줘야 상대의 마음을 얻을 수 있기 때문이다.

♥ 연애에 미치듯 살아온 날들의 경험 그리고 후회

눈에 보이지 않는 마음을 얻는 비결, 그것이 바로 연애의 기술이다.

연애에 미치다시피 살아온 지난날의 경험을 통해 나는 그 비결을 깨칠 수 있었는데, 사랑에 가슴앓이 하는 청춘들의 연애에 조금이나마 도움을 주자는 게 이 책의 첫 번째 목적이다.

한편으로 여자 분들에게는, 진심을 가장한 남자들의 꾐에 넘어가 상처받는 일이 없었으면 하는 바람을 담았다. 세상에는 꽃을 장난으로 꺾어버리는 남자들이 너무나 많다. 내가 그렇게 살아왔으니, 그런 남자들의 속마음은 누구보다 잘 안다고 자부할 수 있다.

그 놈의 바람기 때문에 집 근처 길목에서 괴한들에게 몰매를 맞은 적도, 어느 유명한 조직 행동대장의 여동생을 유혹했다가 6개월 동안 숨어 살다시피 한 적도 있었다. 악몽이 끊이지 않아 술로, 약으로 잠든 날도 적지 않았다. 여자가 한을 품으면 오뉴월에도 서리가 내린다고 했으니, 피눈물을 흘리게 했던 대가일지 모르겠다.

내겐 너밖에 없어, 하루 종일 네 생각만 해……. '사랑'을 입에 달고 살았어도 한 번도 진심이 담긴 적은 없었건만, 여자들은 너무 쉽게 마음을 내줬다.

남자들은 사랑 연기에 능숙한 사람들이 많다. 그렇게 사랑을 가장한 것들, 남자의 거짓말에 마음을 다치는 일이 없도록 마음을 주지 말아야 할 남자, 바람둥이 구별법, 사랑과 연애에 대한 남자들의 속마음을 솔직하게 적고자 애썼다.

또 책에는 연애에 실질적인 도움이 될 내용을 많이 넣었는데, 여자와 남자에 대한 연애 조언을 따로 분리하지는 않았다. 연애는 혼자서 하는 게 아니라 나를 알고 상대를 알아야 하는 게임이기 때문이다.

카사노바가 되기로 마음먹은 그때부터 이 생활을 청산하기까지 나는 가슴이 아닌 '머리'로 연애를 했다. 어떻게든 그 여자를 유혹해야 한다는 생각에 여자의 말, 여자의 심리 상태를 분석해 거기에 가장 어울리는 대답과 행동을 해왔다. 그러고는 막상 여자가 사랑을 고백해오면 '이 여자랑 어떻게 헤어지지'라는 걱정이 앞서곤 했다.

연애는 한낱 기술에 지나지 않지만 그렇게 얻은 사랑은 내 심장을 내어주고도 아깝지 않아야 한다. 마음에서 우러난 연애가 아닌, 여자가 원하는 남자를 연기한 광대에 불과했던 세월을 후회하고 또 반성한다. 수없이 많은 여자들을 눈물짓게 했고 마음에 씻을 수 없는 상처를 남겼다. "제발 내 진심을 알아줘."라며 무릎 꿇고 애원했던 그 '거짓말'에 용서를 구하는 마음으로 이 책을 세상에 내놓는다.

2011년 봄날에
최 정

프롤로그 |
연애에 미쳤더니 사랑이 보이더라

01 연애에 성공하려면 진심을 버려라

- 100번을 차이고 나서 깨달은 연애의 진실 /16
- 연애는 '안녕하세요'라는 인사로 시작된다 /23
- 연애 고수들의 대화 비결 /32
- 연애 잘하는 사람들은 뭐가 다른 걸까? /38
- 한 사람에게 올인하지 마라 /45
- 노력하라. 사랑이 이루어질 것이니 /55
- 연애 고수는 어떻게 만들어질까? /62
- 연애에 미쳤던 날들의 기억 /67

02 / 사랑, 그 남자의 거짓말

- 바람둥이는 절대로 제 버릇 못 고친다 /**74**
- 여자가 바람둥이 남자에게 끌릴 수밖에 없는 이유 /**81**
- 갑자기 이별을 말하는 남자의 진짜 이유 /**87**
- 그는 왜 사귀자는 말이 없을까? /**95**
- 여자에게 다가갈 때 남자의 속마음 /**104**
- 바람둥이 남자에 대한 여자들의 착각 /**112**
- 여자들이 조심해야 할 남자의 프러포즈 /**120**
- 여자를 진심으로 좋아할 때 나타나는 남자의 행동 /**126**
- 바람둥이 남자를 어떻게 구별할까? /**131**

03 / 남녀 사이를 지배하는 연애의 법칙

- 왜 내게는 남자들이 다가오지 않는 걸까? /142
- 사랑하고 싶은 여자는 이런 점이 다르다 /148
- 열 번 찍어 안 넘어가는 나무도 있다 /156
- 나쁜 남자 스타일은 왜 인기가 많을까? /164
- 여자는 이별을 서서히 준비한다 /170
- 쉽게 다가온 남자는 쉽게 떠나간다 /180
- 남자를 유혹하는 기술이 필요 없는 이유 /186

04 / 그 여자 그 남자의 속사정

- 남자가 절대로 이해 못하는 여자의 행동 /196
- 여자들은 절대 모르는 남자의 연애 심리 /204
- 여자들의 연애가 악순환을 반복하는 이유 /213
- 첫 만남, 여자와 남자는 서로를 어떻게 생각할까? /222
- 당장에 이별을 말해야 할 남자 /228
- 결혼할 남자에 대해 꼭 알아야 할 것들 /237

05 / 운명은 우연을 가장해서 찾아온다

- 연애는 한순간의 센스로 판가름된다 / 246
- 여자의 사소한 말 한마디도 기억하라 / 252
- 관심 있는 남자에게 다가갈 때 주의할 점 / 258
- 관심 있는 여자에게 다가갈 때 주의할 점 / 264
- 남자친구가 많은 여자에게 다가가기 / 271
- 소개팅, 그 오묘한 자리에서 살아남기 / 276
- 남자의 사소한 행동이 여자를 반하게 만든다 / 281

PART _ 01

연애에 성공하려면 진심을 버려라

100번을 차이고 나서 깨달은 연애의 진실

학창 시절, 여자들 사이에서 내 별명은 탁구공이었다. 그만큼 이 여자, 저 여자에게 차이기 바빴고 참으로 많은 이별 통보를 받았다. 그 당시 숱한 퇴짜와 이별을 통해 깨달은 사실이 몇 가지 있다.

무엇보다 먼저, '짚신도 짝이 있다'라는 말은 허언에 불과했다. 세상의 절반은 여자이니 노력하다 보면 언젠가는 나를 좋아해주는 여자가 나타나겠지, 나는 이 말을 철석같이 믿었다.

여자들에게 인기가 많은 친구에게 물어봐도 무조건 많이 만나라는 게 비결의 전부였다.

"어떻게 하면 여자들에게 인기가 있냐?"

"나도 차일 때 많아. 그냥 막 들이대면 다 걸리게 되어 있어."

이 친구 녀석이 추천했던 방법은 헌팅이었다. 그 시절 학교 근처에는 여자들이 많이 모이는 장소가 있었는데, 나는 또래 여자들에게 연락처를 물으며 다니기 시작했다.

"저… 마음에 들어서 그러는데요. 연락처 좀 알려주세요."

지금 생각하면 참 우습지만 그때는 나름대로 심각했다. 그날 하루 종일 수십 명의 여자들에게 연락처를 물어보았는데, 단 한 명에게도 연락처를 따내지 못했다.

무조건 용기를 내 다가간다고 해서 상대가 내게 호감을 보이지는 않는다. 세상의 절반은 여자가 맞지만, 이 세상 절반의 여자들이 모두 다 나를 싫어할 수도 있다.

남자들은 대개 자신의 타입이 아니라고 판단을 하면 끝까지 아닌 경우가 많은데, 비호감이 아무 이유 없이 호감으로 바뀌지 않는 건 여자도 마찬가지다. 언젠가는 여자친구가 생기겠지, 내게도 예쁜 여자가 오는 날이 있겠지, 하는 것은 결국 우리의 희망사항일 뿐이다. 무작정 들이대서는 답이 없다.

연애는 표현할 수 있어야 한다

누군가에게 반해 애틋한 마음이 이는 것과 그것을 표현하는 것은 전혀 별개다. 진심이 중요하다는 걸 모르는 사람이 어디 있겠는가? 하지만 문제는, 내가 상대의 마음에 들어갈 수도 상대를 내 마음 속에 넣었다 뺄 수도 없다는 데 있다.

"서로 사랑하는데 왜 헤어졌어요?"

드라마에서든 삶에서든 이런 질문을 하게 되는 상황이 간혹 있다. 진심을 다해 사랑하는데 왜 헤어졌냐고?

서로를 얼마나 사랑하든 서로에게 어필되지 않고 공감되지 않기 때문이다. 나는 알아도 상대에게는 보이지 않는 것, 특히 연애 초기라면 끊임없이 어필하고 확인해줘야 하는 게 바로 진심이다. 눈에 보이지 않는 진심에만 의지하는 건 결국 자기만족에 다름 아니다.

내가 처음으로 헌팅에 성공한 것도 진심을 어필할 수 있는 방법을 찾았기 때문이었다. '정말 마음에 들어서 그러니까 연락처 좀 달라'는 말에 진심을 얼마나 담을 수 있을까? 특출하게 잘생기지 않은 이상 상대 여자는 내가 연락처를 못 받아 숨이 넘어가든 말든 별 관심이 없다. 그럼에도 대다수 남자들이 이런 수준에 머문 채 홀로 애만 태운다.

나는 여자들에게 다가가는 방법을 바꿨다. 일례로, 일부러 멀리서 뛰어온 척 숨을 헐떡거리며 말을 걸었다.

"잠깐만요! 저기서부터 100m나 뛰어왔네요. 정말 놓치고 싶지 않아서 그러는데 연락처 좀 주심 안 돼요?"

"……"

"연락처 안 주실 거면 다시 돌아가게 차비 주세요. ㅎㅎ"

이런 식으로 하니까 그 당시 백전백패였던 헌팅 성공률이 50% 이상으로 높아졌다.

어차피 진심은 눈에 보이지 않는다. 내가 장난스럽게 접근했다고 해서 앞의 상황에 비해 진심이 부족한 것일까? 그렇지 않다.

연애와 사랑은 전혀 별개다. 사랑이 상대를 향한 애틋한 감정이라면, 연애는 그것을 표현하는 기술이라는 점을 명심하라.

얼굴 못생긴 건 용서해도
스타일 나쁜 건 용서 못한다

'못생겼기 때문에 여자들에게 인기가 없다'라고 생각하는 남자들이 참 많다. 단언하건대, 이 글을 읽는 남자 분들은 대부분 나보다는 잘생겼다고 믿어도 좋다. 그만큼 얼굴 때문에 굴욕을 많이 당하며 살아왔다. 아주 간혹 내 사진을 보고 잘생겼다고 말하는 사람들도 있는데, 겨우 그 수준까지 만들기 위해 피부, 헤어스타일, 눈썹, 수염 등등에 정말 많은 공을 들였다.

그런데, 여자들은 의외로 남자의 얼굴을 보지 않는 사람들이 많다. 반면에 스타일이 영 아닌 경우에는 같이 다니기 싫어한다는 사실을 알았다. 여자들은 다른 사람의 시선에 대개 민감하기 때문이다.

그래서 나는 거의 슈트를 입는다. 여름에도 긴팔 컬러 셔츠, 혹은 타이트한 셔츠로 몸매를 부각시키는 쪽으로 코디를 한다. 주위 여자들도 이렇게 입는 게 가장 낫다고 조언한다. 머리도 한때는 길렀는데 요즘은 짧게 하고 있다. 이 또한 여자들이 짧은 머리가 어울린다고 말하기 때문이다.

옷차림은 외모 이상으로 중요하다. 남자들은 이성의 특정 신체 부위에 눈이 먼저 가는 반면에 여자들은 전체적인 분위기를 먼저 본다. 쉬운 예로, 소개팅 자리에 아빠 양복, 아빠 구두 같은 옷차림으로 나간다면 어떻게 될까? 여자들은 당신의 인격이나 성격, 외모를 따지기 이전에 마음속으로 '오 마이 갓'을 외칠지도 모른다.

더욱이 남자의 외모는 다른 장점, 즉 경제력이나 유머, 자상함 등으로 커버가 가능하다. 못생긴 얼굴이 가려지는 것이다. 외모나 경제력은 당장에 어떻게 할 수 없는 부분이므로, 행여 이것들이 남들에 비해 떨어진다면 우선 스타일에서부터 연애 경쟁력을 키우자.

인터넷 블로그에서 내가 못생겼다고 하면 사람들은 대부분 잘 안 믿는다. 못생긴 얼굴로 어떻게 그렇게 많은 여자를 만났고 바람둥이로 살았느냐는 것이다. '진짜 못생겼다', '거의 핵폭탄 수준'이라고 해도 사람들은 '그래도 중간은 가겠지'라고 생각하는 듯하다.

부단한 노력을 통해 다른 장점을 많이 만들어서 그렇지, 거울을 보고 있노라면 한숨이 절로 나올 만큼 못생긴 건 엄연한 사실이다. 유치원 때부터 이성을 좋아해서 18살 때까지 소개받거나 만난 여자가 100명 정도 되는데 딱 두 명 빼고는 만나자마자 다 차였다. 그중 하나의 에

피소드를 소개하겠다.

고등학교 1학년 때 친구를 거의 협박하다시피 해 인근 학교에 다니는 아주 예쁜 여학생을 한 명 소개받았다. 미팅까지 일주일 남은 기간 동안 나는 내가 할 수 있는 모든 준비를 했다.

엄마를 졸라 옷을 새로 사 입고 영양크림으로 피부 관리, 당일에는 미용실에 가서 머리도 새로 하고 향수에 명품 손수건까지 뒷주머니에 챙겼다.

유머집 몇 권에서 가려 뽑은 유머 때문에 처음에는 분위기가 좋았다.

"너 말, 참 재미있게 한다."

천사 같은 그 애의 말 한마디. 엄마나 누나들 외에 여자에게 칭찬을 들은 건 아마 이때가 처음이었다.

그런데 20여 분 후 그 애와 함께 온 여자친구가 화장실에 간 사이, 나 또한 화장실에 다녀오다가 본의 아니게 대화를 엿듣게 되었는데, 그 애의 말이 지금도 잊히지 않을 만큼 내게는 큰 충격이었다.

"키 큰 애 어때?"

"재미있기는 한데, 얼굴에서 냄새나게 생기지 않았니?"

한동안 멍하니 있다가 세면대에서 세수를 하고 자리로 되돌아왔다. 화를 낼 수는 없었다. 그 애가 너무나 마음에 들었으므로.

"또 재미있는 이야기 해봐. 너 진짜 재미있다!"

그 아이는 아무 일 없다는 듯이 대화를 이어갔는데, 이때 나는 처음으로 여자의 가식이란 걸 느꼈다. 동시에 나 같은 '폭탄'도 여자들에게 어필할 수 있다는 사실을 깨달았다.

이후로도 나는 줄기차게 소개팅을 했다. 만날 차이긴 했지만 여자의 사랑을 얻기 위해서는 여자들을 많이 만나고 충고를 직접 듣는 게 최선이라고 믿었기 때문이었다. 그리고 소개팅이 끝나갈 무렵이면 "내 문제점이 뭔 거 같아?", "뭘 고치면 좋겠어?"라고 물으며 내가 고쳐야 할 점들을 하나하나 마음에 새기기 시작했다.

"여자 앞에서는 아무리 흥분해도 욕 따윈 해서는 안 돼."

"예쁘다는 말 싫어할 여자는 없지만 계속 칭찬만 하는 남자도 별 매력 없어."

"서로를 잘 알기도 전에 좋아한다고 말하면 여자 입장에서는 부담으로 다가오는 경우가 많아."

"여자들은 말이 잘 통해야 해. 말을 들어주는 타이밍과 말하는 타이밍을 잘 생각해봐."

이렇게 연애에 대해 공부하며 하루가 멀다 하고 소개팅을 하기를 두어 달, 나는 비로소 여자에게 '다음에 또 만나자'라는 말을 들을 수 있었다. 내 평생 처음 사귀게 된 여자였다.

연애는 '안녕하세요'라는 인사로 시작된다

처음 연애에 눈을 뜨기 시작할 때는, 설레고 떨리는 마음이 참 신기했다. 게다가 내 마음이 그녀를 향해 있으면 언젠가 그녀도 나를 바라봐줄 거라는 생각…….

하지만 막상 현실의 그녀는 나를 쳐다보기는커녕 자신을 별로 좋아해주지도 않는, 그저 몸을 원할 따름인 내 친구에게 가곤 했다.

내 심장이 아무리 고동친다 한들 그녀는 이 두근거림이 자기 때문인 줄 모른다. 불같은 사랑만으로는 절대 그녀를 잡을 수 없다. 그녀를 마음속에 담아두었다고 해서 속으로만 좋아하고, 가끔 쳐다보는 것에 만족하며 살 것인가?

반면에, 그녀를 썩 마음에 들어 하지도 않는 내 친구 놈이 그녀와의 스킨십 중에 "나 정말 사랑해?"라는 질문을 받았다고 치자. 이 상황에서 "아마 진심은 아닐걸."이라고 대답할 남자가 있을까? 진정으로 사랑하든 그렇지 않든 연애를 잘하려면 표현하고 연기할 줄 알아야 한다.

아주 오래 전 나의 연애 스승이 들려준 첫 번째 가르침도 바로 이것이었다.

'여자를 잡으려면 진심을 버려라.'

남녀 간 연애에 필요한 기술의 핵심은 상대 마음을 읽는 요령, 말재주, 타이밍 따위지 진심이 아니다. 상대가 너무 좋다고 해서 마음을 빼앗겨 버리면 남자는 여자보다 마음이 앞설 수밖에 없다. 그리고 마음이 앞서면 정작 그녀에게 해줘야 할 것들이 보이지 않게 된다.

당신 주위에, 예쁜 여자들과 손잡고 다니는 친구들은 과연 진심 하나로 그녀를 꼬셨을까?

똑같은 사물을 보더라도 서로가 다르게 느끼는 게 남자와 여자의 차이인 법. 진심에 얽매여서는 절대 그녀를 이해할 수 없다. 진심은 오히려 거치적거리기만 할 뿐이다. 마음이 떨려 무슨 말을 해야 할지 모르고 여자친구에게 뭘 해줘야 될지도 감이 오지 않는다.

하지만 진심을 버리고 '머리'로 여자를 바라본다면 내가 무엇을 해야 할지 하나둘 눈에 들어온다. 내가 무슨 말, 어떤 행동을 하면 그녀가 좋아할지를 아는 것이다.

'안녕하세요'로 인연 만들기

　진심을 숨기고 상대에게 접근하는 가장 기초적인 스킬을 하나 살펴보자. '안녕하세요'라는 인사로 인연을 만드는 비결이다.

　'안녕하세요'라는 인사는 말 걸기에 아주 유용하다. 이름을 모르는 사이라도 안면이 있거나, 혹은 친근함의 표시로 전혀 모르는 사이에서도 거리낌 없이 인사를 주고받을 수 있다.

　일단 인사를 나누었다면 그 이상의 인연도 얼마든지 가능하다. 물론 1년 내내 '안녕하세요'에 그쳐 별 진전이 없다면 문제이긴 하다.

　그러고 보면 우리나라 사람들은 인사에 참 인색하다. 아니, 미국에서는 눈만 마주쳐도 '헬로우'를 연발하고 그랬는데, 우리는 길 가다가 눈 좀 마주쳤다고 '숟가락으로 눈알을 파니 어쩌니' 하며 싸움판이 벌어지기도 한다.

　일단 상대방과 안면이 있고 그, 혹은 그녀가 마음에 든다면 자연스럽게 인사부터 건네자.

　"안녕하세요."

　여기에 대고 "왜 인사하고 지랄이야!"라고 할 사람은 없다. 상대방도 자연스럽게 "안녕하세요." 하며 인사를 받는 게 보통이다.

　자주 마주치는 사람들에게 어필하는 데에는 일단 이 방법이 제일이다. 정말 마음에 든다고 해서 일면식도 없는 사람에게 '첫눈에 반했어요. 꼭 만나고 싶어요'라는 식의 쪽지를 건네봤자 대답이 돌아올 리는 만무하다. 둘 사이의 관계를 더욱 어색하게 만들 뿐이다.

무작정 들이대지 말고 일단 인사를 하라. 처음에는 "안녕하세요."라는 인사를 이틀 정도 하면 된다. 그런 다음 본격적인 말 걸기로 넘어간다. 조금씩 대화 양을 늘리는 것이다.

"안녕하세요."

"안녕하세요."

"오늘은 기분이 좋은가 봐요. 얼굴에 생기가 넘치네요."

상대방 표정이나 목소리가 밝을 때에는 이 같은 표현이 가장 적당하다. 그러면 상대는 미소를 짓거나 "아, 네. 고맙습니다." 등으로 반응할 것이다.

그런 다음 그냥 가던 길 가면 된다. 반응이 왔다고 해서 '마음에 드니 어쩌니' 하지는 말자. 더 이상의 말은 필요 없으니 일단 여기에 만족하라. 그 다음 날에도 인사만 하고 그냥 지나가라.

어차피 시간은 많고 자주 볼 수 있는 사이다. 약간의 대화가 오갔다고 해서 무리하게 다가가면 여자는 부담이 돼 당신을 피할지도 모른다. 한 달 정도 여유를 갖고 일을 진전시키자.

다시 이틀 정도 "안녕하세요."만 하자. 그런 후에 칭찬으로 넘어가면 된다. 옷차림 칭찬도 좋고 얼굴 칭찬도 좋다.

"안녕하세요."

"안녕하세요."

"오~ 오늘은 예뻐 보이네요." 혹은 "오늘도 예쁘게 하고 나오셨네요."

상대 여자는 고맙다는 말을 할 텐데, 이때부터는 자연스럽게 농담을 곁들여도 좋다.

"고맙긴요. 옷이 예쁘다고요. ㅎㅎ"

다만, 이런 농담은 잘 써야 한다. 도도한 성격의 그녀라면 이 말을 듣고 싸늘해질 수 있다. 그렇지 않고 활발한 성격이라면 웃어줄 것이다. 그러면 이제 본격적인 '관계'를 만들어보자.

"어, 웃을 줄도 아네요. 우리 앞으로 만날 때마다 웃으면서 인사해요."

이 부분이 중요하다. 둘만이 아는 뭔가를 만들면 그 다음부터는 일이 훨씬 수월해진다.

그 다음 날부터는 웃으면서 인사를 하고, 만약에 여자가 웃지 않는다면 인사를 한 다음에 "우리, 웃기로 했잖아요. ㅎㅎ" 하는 식으로 말하면 된다. 웃는 게 왜 중요한가 하면, 일단 웃으며 이야기할 수 있어야 약간의 농담과 다른 이야기로 이어지기 때문이다.

예를 들어 "얼굴이 안 좋아 보이는데, 무슨 일 있어요? 얘기해 봐요." 라고 물었을 때 여자가 무표정한 반응을 보이거나 하면 아래처럼 대화를 이끌 수도 있다.

"커피 한잔 마시러 가요. 제 커피는, 기분 풀어주는 묘약이거든요."

이때쯤이면 퇴근 후나 밖에서 "안녕하세요." 하고 인사를 나누는 것도 자연스럽다. 여기서 또다시 진도를 나가면 된다. 매일 웃으면서 인사해줘서 고맙다, 덕분에 힘이 많이 났으니 식사 한번 대접하겠다, 하는 식으로 만남을 이어 나가는 것이다.

직장이나 학교에 마음에 드는 사람이 있다고 쪽지를 날리거나 편지에 구구절절이 적는 것보다 시간은 다소 걸릴지라도 기분 좋은 만남으로 이어지는 '구실'을 만드는 게 훨씬 중요하다. 그 구실은 바로 "안녕하세요."에서부터 시작된다는 사실을 잊지 말자.

아버지가 내게 가르쳐준 연애 노하우

'네가 사랑하는 여자는 특별하게 대해줘라.'

초등학교 4학년 때 아버지가 내게 일깨워준 가르침이다. 어려서부터 연애 가정교육을 받았다는 건 아니고 여자의 마음을 사로잡는 비결을 막연하게나마 느끼는 계기가 된 듯하다.

겨울방학을 며칠 앞두고 있을 무렵, 같은 반에 정말 좋아했던 여자아이가 있었다. 크리스마스 시즌인 만큼 그 아이에게 카드를 주고 싶기는 한데, 막상 용기가 나지 않았다. 그래서 반에 있는 여자아이들 모두에게 크리스마스카드를 주기로 마음먹고는 아버지에게 도움을 청했다. 모두에게 카드를 주기에는 용돈이 모자랐기 때문이었다.

"아빠, 나 3만 원만 주세요."

"뭐하게?"

"크리스마스라서 같은 반 여자애들한테 크리스마스카드 주게요."

"꼭 해야 돼?"

"네…… 좋아하는 여자애가 있는데 그 애한테 주려고요."

그러자 아버지는 나를 데리고 팬시점으로 갔다. 거기서 미리 점찍어 둔 천 원짜리 카드를 인원수에 맞게 27장을 사려는데, 아버지가 내게 물었다.

"네가 좋아하는 애가 몇 명이고?"

"그야 한 명이죠."

"그러면 26개만 사라."

"왜요? 우리 반 여자애들은 27명인데……."

"26개만 사."

이렇게 말하고는 아버지는 또 한 장의 카드를 골랐다. 카드의 버튼을 누르면 불빛과 함께 크리스마스캐럴이 나오는 것이었다. 하나에 오천 원짜리로 초등학생이 엄두도 못 낼 가격이었는데, 아버지는 망설임 없이 내 손에 쥐어주며 말했다.

"네가 좋아하는 아이에게 이걸 줘라."

집으로 돌아온 후 아버지는 내게 카드를 건네는 요령도 함께 일러주었다. 일단, 여자애들 모두에게 카드를 주고 내가 좋아하는 아이에게는 준비한 카드를 주지 말라고 했다. 난 궁금했다. 한시라도 빨리 카드를 자랑하고 싶은데 왜 함께 주지 말라고 하신 걸까?

"다른 애들에게는 모두 카드를 주고 자기만 받지 못했다는 걸 알면 상심이 클 게다. 널 미워할지도 몰라. 그때 카드를 그 아이랑 둘만 있을 때 줘."
아버지는 카드 안에 적어야 할 내용까지도 알려주셨다.

[다른 애들 눈치 보여서 너한테는 제일 마지막에 준 거야. 넌 특별하니까!]

이런 멘트를 초등학교 4학년이 어찌 생각하겠는가? 결국 이 이벤트 덕분에 나는 그 아이와 더욱 친해질 수 있었다.
아버지는 남녀의 현실적인 연애와 세상살이에 대해서도 이따금 이야기를 하셨다.
"넌 엄마 닮아서 못생겼으니 여자 만나려면 돈이라도 많아야 한다."
솔직히 이게 부자지간에 적절한 대화인지는 모르겠는데, 19살 때 학교를 자퇴했을 무렵 내게 하신 말씀이었다. 아버지는 어머니에게 자상한 편은 아니었지만 경제적인 부분에서만큼은 확실하게 챙겨주셨다. 아버지는 이렇게 말씀하셨다.
"마누라한테 사랑을 못 주면 돈 쓰는 재미라도 줘야 한다."
잘 안 되는 것은 억지로 하려고 하지 않는 대신에 스스로 잘하는 것을 아내에게 해주면 된다는 입장이었던 것 같다. 요컨대, 사랑이든 돈이든 둘 중 하나에서만큼은 부족함이 없어야 된다는 뜻이었다.
특히, 여자에게 손찌검하는 짓에 대해서는 매우 엄격하셨다.
"남자는 남자한테 지면 안 된다. 하지만 여자에게 손대는 놈치고 제대로 된 놈 하나 없다."

고등학교 1학년 때 한 해 선배인 여자 뺨을 때렸다가 아버지께 거의 죽도록 맞은 다음에, 내게 하신 말씀이었다.

돌이켜보면 어린 시절의 연애 기술이란 건 참 단순했다. 하지만 이때의 원칙은 훗날 어른이 되어 수많은 여자를 만날 때에도 변하지 않았다. 좋아하는 여자를 만나면 세상에서 하나뿐인 남자가 되고자 노력할 것. 남들이 하지 않는 것, 남들이 못 하는 것, 남들이 꺼려하는 것까지도 여자가 원하면 뭐든 한다는 원칙 등인데, 이 같은 마음가짐은 훗날 나의 첫 번째 연애 모토 '여자가 원하면 뭐든 한다'로 이어졌다.

연애 고수들의 대화 비결

나는 비교적 말을 재미있게 잘한다는 평을 받는다. 그래서 연애 카페나 블로그에서도 말 잘하는 비결을 알려 달라는 요청을 자주 받곤 하는데, 처음부터 말을 잘했던 건 절대 아니다.

고등학교 때만 하더라도 여자를 만나면 정말 할 말이 없어서 음료수 빨대나 물고 있을 때가 많았다. 데이트가 있을라치면 미리 재미있는 이야기를 많이 준비하고도 타이밍을 잡지 못해 얼굴만 멀뚱멀뚱 바라보다가 헤어진 적도 있었다.

웅변학원에 다니고 《대화의 기술》 같은 화술 책도 많이 봤지만, 읽을 때만 겨우겨우 이해가 되고 학원에서만 통할 뿐 실전에서는 도대체가 활용이 되지 않았다.

'상대방 의견에 맞장구를 쳐라.'

'다양한 상식을 많이 알고 있어라.'

등등의 일반적인 대화 요령은 웬만한 연애 서적에는 다 나와 있다. 하지만 이런 조언을 안다고 해서 과연 말을 잘할 수 있을까?

그 이전에, 연애에서 말을 잘한다는 것은 도대체 어떤 의미일까?

연애 고수는 상황에 맞는 말을 할 줄 안다

말을 잘하려면 일단 말을 많이 하는 게 도움이 되기는 한다. 그런데, 연애에서는 이성과 말을 많이 해보는 것 외에 '상황에 맞는 말'을 찾을 줄 아는 능력과 연습이 절대 필요하다.

예를 들어, 그녀와 오후 3시쯤 전화통화를 한다고 치자.

점심시간이 지났을 무렵이니 "밥 먹었어?" 하며 통화하거나 문자를 보내는 게 보통이다. 문제는, 말을 꺼냈으면 그 다음에 어떤 말을 할 것인지 떠올릴 수 있어야 하는데, 대다수 사람들은 아무 대책이 없다.

"밥 먹었어?"

"응. 아까 먹었어."

"그래. 지금 뭐하고 있어?"

"그냥 있어."

혹 찔리지 않는가? 대다수 사람들이 이런 밋밋한 대화를 주거니 받니 한다. 그럼 어떻게 말하면 좋을까? 일단, 통화의 목적을 함께 저녁 먹기라고 해보자. 즉, 당신의 목적은 저녁 때 그녀를 만나 함께 식사하고 노는 것이다.

그런데 상황에 맞는 말을 찾으려 하지 않고 아무 생각 없이 전화를 했다면, 아마도 이런저런 이야기 끝에 바로 본론으로 넘어갈 것이다.

"그런데 저녁 때 뭐해?"

이 같은 대사는 적어도 여자의 마음을 얻으려는 이의 자세가 아니다. 뛰어난 낚시꾼은 자기가 원하는 물고기에 맞는 적당한 미끼를 던질 줄 안다.

이해를 돕기 위해 연애 고수가 "밥 먹었어?" 다음에 어떻게 대화를 이어 나가는지 살펴보자. 자, 똑같은 상황이다.

"밥 먹었어?"

"응. 아까 먹었어."

"맛있는 거 먹었어? 맛없는 거 먹었어?"

(이 질문이 바로 미끼다. 앞 대화에 연관되는 질문을 던져서 내 목적에 부합하는 답을 유도하라. 비슷한 질문으로 대화를 계속 이끌어나가는 것이다.)

그런데 이 질문에는 어떤 의미가 있을까? 이건 전화하기 전에 몇 분만 생각하면 된다. '맛있는 거 먹었어? 맛없는 거 먹었어?'라는 질문에 나올 수 있는 대답은 딱 두 가지다. 맛있는 거 아니면 맛없는 거다. '그냥 대충 먹었어'라는 대답이 나올 수도 있는데, 이건 '맛없는 음식'으로 여기면 된다. 여자친구가 맛없거나 대충 먹었다는 대답을 한다면 이제 본래의 목적을 달성할 차례다.

"맛있는 거 먹었어? 맛없는 거 먹었어?"

"맛없는 거 먹었어."

"그래? 그럼 이따가 저녁 때 오빠가 맛있는 거 사줄게."

이 정도의 대답을 생각해냈다면 연애 초급을 면할 정도는 된다.

그렇다면 고수는 어떤 식으로 대화를 유도하고 예스를 이끌어낼까? '던지고 질문하기'라는 스킬이다.

"맛있는 거 먹었어? 맛없는 거 먹었어?"

"맛있는 거 먹었어."

"잘됐네." (이 말을 하고 나서 곧바로 질문을 던져라.)

"너한테 한 가지만 물어봐도 돼?" ('응'이라는 대답이 나오도록 뉘앙스에 유의하라.)

"응."

"너뿐 아니라 모든 사람들이 맛있는 거 먹으면 또 먹고 싶지?" (여기에 대한 대답은 뻔하다.)

"응, 그런데?"

"그럼 오늘 저녁도 오빠가 맛있는 거 사줄게."

이때 여자친구가 머뭇거리면 앞에서 말했던 내용을 상기시켜라.

"맛있는 거 먹으면 또 먹고 싶다면서. 절대 실망시키지 않겠습니다!"

(앞에서 던진 질문에 긍정을 했으므로 여자 입장에서는 거절하기가 쉽지 않다. 또 높임말로 강조하는 건, 오늘은 특별할 거라는 느낌을 주기 위해서다.)

여자가 맛없는 것을 먹었다고 해도 마찬가지다.

"맛있는 거 먹었어? 맛없는 거 먹었어?"

"맛없는 거 먹었어."

"잘됐네."

맛없는 것을 먹었다는데 왜 잘되었다고 말을 할까? 반전 멘트를 미리 준비하고 있으므로 걱정할 필요는 없다.

"맛없는 거 먹었다는데 뭐가 잘됐어!"

"나도 맛없는 거 먹었으니까."

"참 웃겨." (대답이 있건 없건 바로 다음 질문으로 넘어가라.)

"한 가지 물어봐도 돼? 너나 나뿐 아니라 모든 사람들이 맛없는 거 먹으면 기분이 안 좋지?"

"그걸 말이라고 해!"

"그럼 우리 기분 안 좋은 사람끼리 저녁에 맛있는 거 먹으러 갈까?"

이때도 여자친구가 머뭇거린다면 "분명하게 말할 수 있는 건 기분 하나는 확실하게 풀린다는 거야."라는 식으로 확신을 가지고 말한다.

이렇게 얘기했다가 만약에 음식 맛이 없으면 어쩌냐고?

어차피 점심 때 맛없는 것을 먹었다면 밖에서 먹는 음식은 대개 맛있게 느껴진다. 그리고 맛이 없어서 별로 많이 먹지도 않았을 테니 저녁 시간 때쯤이면 배가 고파서라도 맛있게 잘 먹을 수밖에 없다.

가급적 많은 여자에게 말을 걸어라

말은 갑자기 느는 게 아니다. 유머나 대화법 책 혹은 연애 관련서를 많이 읽는다고 해서 없던 언변이 바로 생기거나 울렁증이 사라지는 일 따위는 없다. 책에 나와 있는 내용은 대부분 바로 활용하기도 어렵거니와 내 연애에 딱 들어맞는 내용도 없다.

가장 좋은 방법은 가급적 많은 여자와 다양한 대화를 나누는 것이다. 주위에 있는 여자라면 무조건 말을 거는 습관을 가져보자. 동네 슈퍼 아줌마, 정수가 아줌마라도 상관없다. 은행에 공과금을 내면서 여직원들과 대화를 나눌 수도 있다. 세상의 반은 여자이니 우리 주위에 이야기를 할 상대는 널리고 널렸다.

덧붙여, 대화를 할 때에는 화제의 포인트를 끄집어내는 게 중요하다. 일례로, 통신사에 전화요금을 내면서 여직원과 유니폼에 대해서만 20분 동안 이야기한 적도 있다. 마땅한 화제가 없다면 "식사하셨어요?"라는 인사말부터 시작해도 좋다. '뭘 먹었는지'만 가지고도 충분히 이야깃거리가 될 테니까. 말은 많이 하다 보면 요령이 생기게 마련이다.

연애 잘하는 사람들은 뭐가 다른 걸까?

연애만을 놓고 보더라도 세상은 참 불공평하다. 남녀 성비는 거의 동수에 가까울 텐데, 동물이든 인간사회든 한쪽으로 쏠림이 심하다. 무슨 말인고 하니, 사시사철 애인이 늘 끊이지 않는 사람이 있는가 하면 대시하는 족족 차이거나 아예 대시할 용기조차 없어 혼자서 고독을 씹어야 하는 청춘이 적지 않다. 항상 연애에 성공하는 사람들은 도대체 비결이 뭘까? 그것들을 하나하나 살펴보자.

여자의 감정선을 정확하게 파악한다

연애 고수는 상대의 말, 행동을 보고 '이렇게 말하고 행동하니까 지금 이런 상태'라는 식으로 여자의 감정선에 대해 이해하고 있다. 그렇기에 여자를 만나면서 그녀의 감정선을 이끌어낼 목표치에 맞는 데이트를 준비한다. 이게 현실적으로 가능하냐고?

이성을 많이 만나고 상대에 대해 늘 분석하다 보니까, 어떻게 하면 여자가 넘어오는지에 대해 안다는 것이다. 연애 고수들은 '여자는 이렇다'가 아니라 '저 여자는 이렇다'라고 말한다. 특히 나 같은 바람둥이들은 그녀의 일상 안으로 깊숙이 들어가 거기에서 해법을 찾는다.

연애 초창기 시절, 나의 연애 스승은 여자와의 대화를 모두 적으라고까지 했다.

"대화를 다 적으라니, 말이 되는 소리 좀 하세요!"

"말이 되니까 시키는 거야. 시키는 대로 하기로 했잖아?"

나는 여자와의 대화를 적기 위해 기억을 더듬었다. 하지만, 몇 가지 포인트 빼고는 도대체 내가 무슨 말을 했는지, 그리고 그녀가 어떻게 대답했는지 도무지 기억이 나지 않았다. 9시간을 함께 있었는데 대화를 모두 적는다는 건 도저히 불가능해 보였다.

내가 머리를 싸매고 있을 때 스승은 노트 한 권을 던져주었다. 거기에는 몇 달 전에 만났던 여자와의 전화통화 내용을 비롯해 시시콜콜한 대화까지 모두 적혀 있었다.

"이거 지어낸 거 아니에요?"

"못 믿겠으면 그 여자한테 전화해서 물어보든가."

스승은 여자와의 대화를 모두 기억하고 있어야 한다고 말했다. 그래야 상대방이 어떻게 반응할지 알 수 있다는 것이다.

"전체적으로 분위기가 좋았다든가 나를 좋아하는 것 같다. 이 정도만 알아도 되지 않아요?"

"상대방을 관찰하려면 제대로 해야지. 내가 여자를 관찰할 때에는 상대의 호흡이 얼마나 빠른지도 관찰하려고 해."

나는 말을 잃었다.

"최정. 여자가 네게 가장 많이 보여주는 게 뭐라고 생각해?"

"……"

"바로 그녀의 소소한 일상 이야기와 자기 모습이야. 이걸 제대로 이해하지 못하면 그녀의 일상 안으로 들어갈 수 없어. 여자의 일상 안으로 들어갈 수 있어야 '이 남자가 없으면 안 되는 여자의 일상'으로 바뀐다는 사실을 꼭 기억해."

스승은 여자의 일상 안으로 들어가기 위해 관찰이 필요하고 사소한 모든 것을 알아야 한다고 했다. 그래야 연애 스킬이 통한다는 것이다.

16년 전, 나는 내 방식대로의 연애를 고집했다. 여자는 안중에 없었고 내가 하는 것이 최고의 연애 전략, 최고의 연애 스킬이라고 자만했다. 이런 생각을 하다 보니까, 그녀의 일상 속으로 들어가지 못했다. 당연히 여자들은 나를 받아들이지 않았고 연애가 끝나고 보면 악취만 남은 듯했다.

이후에는 데이트가 끝나면 항상 노트에 적었다. 전화 통화는 물론이고 주고받은 문자 메시지까지도 모두 적는다. 그녀의 일상 안에 연애의 답이 있기 때문이다.

물론 모든 걸 일일이 적는다는 게 쉽지 않은 일일뿐더러 초고수를 지향하지 않는 이상 이렇게까지 할 필요가 없기는 하다. 내가 강조하고 싶은 것은 자기감정에 빠져들어 '상대를 보는 것'에 소홀해서는 안 된다는 점이다.

연애와 데이트 콘셉트를 다양하게 갖고 있다

연애를 잘하는 사람들은 보통 남자들이 하는 데이트를 달가워하지 않는다. 그들은 술 한잔을 마셔도 장소와 분위기가 연애에 어떤 영향을 미치는지를 따진다. 예를 들어, 여자와 술자리가 끝나고 포장마차에서 한잔만 더 하자는 제안에도 나름의 계산이 있다.

굳이 자리가 불편하고 깔끔하지 않은 포장마차를 선택하는 것은 포장마차의 인간적인 분위기를 활용하기 위해서다. 내가 얼마나 인간적인 사람인지를 포장마차가 지니는 뉘앙스를 통해 어필하는 것이다. '이 사람에게 이런 면도 있구나'라는 점을 보이고는 '내가 힘이 되어줄게'라는 말을 할 포인트를 잡기 위해 그들은 포장마차에 간다.

첫 만남에서 모든 걸 보여주되 기대심리를 만든다

연애는 서로를 차츰 알아가는 과정이라는 생각에 조금씩 보여주면 되겠지 하는 사람들이 많을 텐데, 연애 고수들은 이 같은 생각을 뒤집어 행동한다. 그들은 첫 만남에서 모든 걸 보여준다.

그래서 이 첫 만남을 위해 많은 것을 준비하는데, 특히 첫 만남 장소는 자기가 평소에 자주 다녀서 친한 곳으로 한다. 그곳에서 일하는 직원들의 도움을 받을 수 있기 때문이다. 심지어 이들을 미리 포섭해 상황을 연출하는 경우도 있다. 직원들이 여자에게 다정하게 말을 건네고 남자에 대해 좋은 평을 해주는 것이다. 여자들은 제3자의 평에 대해서는 쉽게 믿는 경향이 있다. 이렇게 해서 믿음을 얻게 되면 마음을 여는 것도 빠르다.

여자에게 보여줄 결정적인 장기 한두 가지는 갖고 있다

　내가 시간과 돈을 들여 색소폰, 피아노를 배운 것은 음악을 좋아해서가 아니라 단지 여자들에게 보여주기 위해서였다. 드라마나 영화 같은 연애를 꿈꾸는 여자들의 판타지를 충족시켜주는 것이다.

　예를 들어, 처음 데이트 날에 평소 친분이 있는 재즈 바에 여자를 데리고 가 색소폰 연주를 들려준다. 바에서 일하는 직원은 으레 장미꽃 한 송이를 그녀에게 전하며 "이게 필요할 거예요."라고 한다. 이윽고 연주가 끝나면 여자친구를 무대로 불러 바 안의 사람들에게 말한다.

　"제 색소폰 연주가 괜찮았나요?"

　"예 ──"(사람들이 박수와 함께 호응해준다.)

　"제가 오늘 이렇게 용기를 내 연주를 한 것은 옆에 있는 이 숙녀 분 때문입니다. 이 숙녀에게 박수 한번 부탁드립니다."

　이렇게 상황을 연출하면 적지 않은 여자들이 어렵지 않게 넘어왔다. 연애를 잘하는 사람들, 특히 바람둥이들은 이 같은 깜짝 이벤트를 다양하게 활용하고 있다.

자기 스타일의 의외성을 만들 줄 안다

연애에서 현재 자신의 모습, 스타일을 아는 것은 매우 중요하다. 연애 또한 내 성격, 스타일에 맞춰야 하기 때문이다. 예를 들어, 작고 귀여운 스타일의 남자가 여자친구에게 "너 맞는다!" 하면 그냥 웃어 넘겨버릴 일이지만, 덩치가 크고 험악하게 생긴 남자가 똑같이 "너 맞는다!" 하면 어디 여자가 무서워서 연애할 마음이 생기겠는가.

만약 당신이 아담한 스타일이라면, 연애 콘셉트를 남자다움이나 카리스마로 가면 잘 통하지 않는다. 대개의 경우, 아담한 남자는 귀여운 콘셉트로 가는 게 무난하다. 반대로 털털하고 남자다운 성격, 우락부락한 외모는 남자다운 연애 콘셉트로 밀고 나가는 게 좋기는 한데, 이때라도 의외성을 만들 줄 알아야 한다.

필자의 예를 들어 보겠다. 나는 비교적 시원시원한 성격에 남자답다는 평을 많이 받는다. 키도 크고 덩치도 있는 편이다. 내 성격이 그렇다는 것을 여자들도 안다. 하지만, 대다수 여자들은 자상하고 상냥한 매너를 지닌 남자를 좋아한다. 내가 남자다운 성격이라고 해서 무조건 남자다운 연애 방식을 고집한다면 내 연애가 통하지 않을 여자들도 무수히 많을 것이다. 그렇기 때문에 나는 남자다운 성격에 자상함을 어필할 수 있는 상황을 자주 연출하곤 한다.

한번은 재래시장에 여자친구를 데리고 간 적이 있다. 여자친구와 함께 장을 보면서 나물 파는 할머니에게 말을 걸었다.

"할머니, 오늘 몇 시에 나오셨어요?"

"그야 새벽 일찍 나왔지."

"그런데 이것밖에 못 파셨어요. 저녁이 다 되어 가는데……."

"몰라. 요즘에는 통 손님이 없네."

"할머니, 이거 다 파셔야 집으로 가시죠?"

"그래. 살 거야 말 거야?"

"남은 거 제게 다 주세요. 얼마 드리면 돼요?"

"3만 원에 가져가."

"여기요. 할머니, 많이 파시고요. 집에 조심해서 들어가세요."

이게 무슨 대단한 연애 방식이냐고 생각할 사람이 있을까?

연애는 상대방에게 감동을 주는 말, 이벤트 따위가 전부는 아니다. 여자들은 일상 속에서 더 많은 것을 느낀다. '우락부락하게 생긴 이 남자에게도 저런 면이 있구나'라는 생각을 하게 될 테니, 3만 원을 투자해 그녀의 마음속에 내가 들어간 셈이다.

한 사람에게 올인하지 마라

경주마의 안면을 자세히 본 적이 있는가? 경주마들은 옆으로 눈을 돌리지 못하도록 눈가리개를 하고 경주에 나간다. 달릴 때 눈에 모래 같은 이물질이 들어가지 않도록 하려는 의도도 있지만, 이보다 중요한 목적은 말이 경주에만 집중하도록 하기 위해서다.

그런 경주마처럼, 한 여자에게 목을 매는 연애를 하는 분들이 많다. 아직 사귀는 사이가 아님에도 불구하고 한 여자만 보고 한 여자만 생각한다. 생활의 중심에는 온통 그녀뿐이다.

물론 한 여자만 바라보는 남자는 매력적일 수 있다. 단, 프러포즈에 성공했을 경우에만 그렇다. 사랑이 뜻대로 이루어지지 않았을 경우 이 순진남의 상처는 이만저만이 아니다.

연애에 뛰어난 사람들은 절대 한 사람에게 연연하지 않는다. 굳이 그 사람이 아니더라도 내가 다가갈 수 있고, 내게 다가올 사람이 많다는 자신감을 갖고 있다. 그거 바람둥이 아니에요? 조강지처를 버리고 이 여자, 저 여자를 찾는다면 문제가 있겠지만, 아직 내 짝이 정해져 있지 않다면 한 사람만을 바라보는 연애는 바람직하지 않다는 것이다.

그 이전에, 완벽한 사랑을 찾아 연애를 하는 것과 적당한 사람을 찾아 완벽한 사랑으로 나아가는 것 중 어떤 게 현실적일 것 같은가?

굳이 이 여자가 아니더라도 나는 충분히 다른 좋은 여자를 만날 수 있다, 라는 연애 마인드와 자신감이 필요하다.(여자가 남자를 찾는 경우도 마찬가지다.) 물론 이런 자신감을 위해서는 자기계발을 하든 돈을 많이 벌든 노력을 아끼지 말아야 한다. 또 때로는, 포기할 줄도 알아야 아픔도 덜하고 연애에도 발전이 있다.

"그녀를 너무 사랑해요."

"최선을 다하면 언젠가는 제 마음을 알아주지 않을까요?"

사람 마음을 뒤집는 게 말처럼 쉽지 않다. 하물며 마음이 온통 상대에게 가 있으면 제대로 된 연애를 하기도 힘들다. 그녀와 나를 객관적으로 볼 수 없기 때문이다. 그녀와 나의 현재를 보지 못한 채 상상 속에서만 연애를 이어가기 십상이다. 연애 고수들은 여자에게 올인하는 척, 모든 것을 다 내주는 척 연기를 하지만, 절대 한 여자에게 모든 걸 걸지 않는다.

여자에 대해 깊이 있게 이해하기 위해서라도 많은 여자를 만나는 건 확실히 도움이 된다. 사람들은 내게 '여자의 마음을 잘 안다'라고 하고 실제로도 그게 바람둥이 생활을 유지하는 방편이 되었지만, 뭐든 처음부터 잘했던 사람이 있겠는가?

여자들은 대개 개성을 추구하려는 경향이 있기는 해도, 비슷한 성향을 가진 여자들로 분류가 가능하다. 이 여자의 이런 면, 저 여자의 저런 면을 기억해 유형을 나누다 보면 일종의 연애 백과사전이 완성되는 것이다. 여자들의 성향 파악이 될 정도에 이르면 이제 내 여자에게 맞는 말, 행동이 자연스럽게 나오게 된다. 결국, 이 자연스러움이 여자들의 호감을 불러온다.

간혹 여자를 만나고 싶어도 주위에 여자가 없다고 하소연하는 남자들이 있는데, 친구나 직장동료 등등을 모두 동원하라. 남녀를 이어주는 인터넷 사이트도 무수하다. 만남을 가지는 데 단돈 몇 만 원만 투자하면 된다.

상대의 마음을 여는 연애 스킬

연애 스킬이라고 해서 특별한 건 아니다. 일상생활에서 조금만 궁리를 하면 손쉽게 그녀, 혹은 그 남자에게 강한 여운을 남길 수 있다. 연애 감각을 높이는 차원에서 몇 가지 실전 사례를 소개하겠다.

여자 친구를 기다려본 적이 있을 것이다. 상대에게 알리지 않고 깜짝

방문하는 경우도 있을 텐데, 이때도 연애 점수를 올리는 포인트로 활용할 수 있다.

"웬일이야. 나 기다린 거야? 나 오늘 집에 안 들어오면 어떻게 하려고. 전화라도 미리 하지?"

"오늘 안 들어오면 내일은 들어오겠지."

이 말을 듣고 그녀는 조금 궁금했다고 한다. 평소 이렇게 말하는 사람이 없었다는 것인데, 그 때문에 내가 왠지 모르게 다르게 느껴졌다고 했다.

"내일도 집에 안 들어오면?"

"모레 오겠지."

대화가 이렇게 이어지자 그녀는 내가 어떻게 대답할까, 갑자기 호기심이 일었다. 물론 그녀의 다음 질문은 쉽게 유추가 되었다.

"모레도 안 오면?"

엉뚱함을 지닌 여자들은 거의 대부분 말의 꼬리를 물고 늘어진다. 이때, 한두 번의 질문은 호기심을 자극하지만 그것이 계속 이어지면 지루해지게 마련이다. 결정적인 한 방이 필요한 타임인 것이다.

"여기에 최정 동상 하나 세워지겠지."

"ㅎㅎㅎ 참, 하여튼 못 당해."

"나는 너를 못 당하는데. ㅎㅎㅎ"

여자가 웃으면 웃음으로 답해주어라. 그리고 '못 당해'라는 말에는 상대에게 더욱더 못 당하겠다는 뜻으로 겸손을 표현하는 게 정답이다. 똑같은 말을 되돌려줌으로써 친근감이 높아지기도 한다.

"그런데 무턱대고 기다린 거야?"

"너 우리 집에 핀 흘렸더라."

무작정 찾아가기보다는 어떤 이유를 만드는 게 핵심이다. 사소한 일일수록 좋다. 작은 것 하나라도 잊지 않고 챙겨주는 남자라는 이미지를 심는 방편으로 삼는 것이다. 여자는 '그깟 머리핀 때문에'라고 말할지도 모르지만 속마음은 다르다.

"네가 이 핀 했던 날 정말 예뻤거든. 내일도 그 모습 보고 싶어서."

사실 머리핀 하나로 예쁘고 말고가 어디 있겠는가. 뭐든 의미를 부여하기 나름인데다가 자연스럽게 내일 약속을 잡을 수도 있다.

"ㅎㅎㅎ 못 말려."

"나는 너를 못 말리는데."

앞에서도 한 번 나왔던 대사다. 같이 인용하면 그만큼 거리감이 가까워질 것이다.

"ㅎㅎㅎ 고마워."

"고마워하면 기다린 보람이 있는 거고. 추우니까 이제 들어가."

이렇게 해서 헤어진 다음에는 문자 메시지로 마지막 멘트를 날려라.

[기다려 보니까 널 기다리게 한 게 미안해지더라. 앞으로 약속시간 엄수하겠습니다!]

꼭 돈을 들여야만 깜짝 이벤트가 되는 게 아니다. 머리를 써라, 그러면 연애가 보일지니!

믿음 스킬과 바쁘다 스킬

여자의 마음을 얻기 위해서는 무엇보다 믿음을 얻는 게 우선이다.

즉 "난 오빠를 믿어."라는 말을 이끌어내는 것인데, 어떻게 여자의 믿음을 얻고 또 연애적인 요소로 만드는지에 대해 살펴보자. 일명 '믿음 스킬'이다.

평소에 말을 했으면 꼭 그 말을 지켜야 된다는 게 믿음 스킬의 핵심이다. 나는 여자친구와 통화할 때 일부러 "몇 시에 전화할게.", "몇 시에 문자 보낼게." 하며 정확한 시간을 미리 알려준다. 물론, 여기에는 그 시간에 정확하게 전화하고 문자를 보내려는 의도가 깔렸다.

이게 어떤 효과가 있을까? 무의식적으로 '아, 이 사람은 말한 건 꼭 지키는구나'라는 믿음이 생기는 것이다. 이렇게 사소한 믿음을 쌓아두면 데이트 때도 유용하게 써먹을 수 있다. 예를 들어보자.

"오늘 네가 좋아하는 해물탕 끝내주게 하는 집 찾았어."

"정말?"

"같이 먹으러 가자."

"정말 맛있어?"

"내가 지금까지 말한 거 중에 아닌 거 봤어? 정말 맛있어."

내가 이렇게 말할 수 있는 근거가 뭐겠는가? 아주 사소한 약속이지만 몇 번을 미리 공지하고 지켰기 때문에 상대방 여자도 내 말이 헛되지 않다는 사실을 인지하고 있다는 것이다.

나는 여자친구와의 데이트가 잘된 날은 그 다음 날에도 만나는 편인데, 그 이유 중 하나는 보다 확실한 믿음을 주기 위해서다. 첫날 데이트가 끝나고 여자친구 집 앞에서 헤어질 때 이런 식으로 말한다.

"내일 제게 30분만 빌려줄 수 있나요? ㅎㅎㅎ"

"30분을 빌려 달라니요?"

"은진 씨 소중한 시간 중에서 내일 30분만 저랑 같이 있자고요."

"ㅎㅎㅎ 참나."

"확실하게 말할 수 있는 건 그 30분을 정말 유익하게 보낼 수 있도록 제가 책임진다는 거예요."

이때 여자가 고민을 할 수도 있는데, 그럴 때는 이렇게 대응하라.

"지금 만날까 말까 고민하시는 거죠?"

"네, 내일 시간이 어떻게 될지 몰라서……"

"지금 들어가면 주무실 거죠?"

"네, 자겠죠."

"내일은 30분만 늦게 잔다고 생각하세요. ㅎㅎ"

이렇게 해서 다음 날 차 안에서 커피를 마시며 짤막한 데이트를 즐긴다. 이때, 시간을 정확하게 지켜야 한다. 10시 30분에 만났다면 11시에는 그녀를 집에 보내준다. 그런 다음 문자를 날려라.

[오늘 빌려준 30분이 끝났습니다. 이제는 꿈나라로 가실 시간입니다.]

내가 믿음 스킬을 만들어 낸 이유 중 하나는 여자친구와 모텔이나 호텔에 갈 때를 대비해서다. 그냥 무턱대고 '호텔 가자'라고 하면 결과는 뻔하다. 뺨이라도 맞지 않으면 다행이다. 나는 이 상황에서 '둘이서 같이 TV나 영화 보고 장난도 치며 놀고 싶어. 딴 마음은 전혀 없으니까 걱정 마'라는 식으로 말한다. 이렇게 말하면 여자가 쿨하게 "그래, 가자!"라고 할까? 당연히 아니다.

"저질, 응큼하기는! ㅎㅎㅎ"

이런 반응이 나오면 그때 정색을 하고 말한다.

"내가 언제 말한 거 안 지킨 적 있어?"

"그건 아닌데, 그래도 이건 좀 아니잖아."

"만약 딴 마음이 있으면 그냥 한번 하자고 말하지. 말 돌려서 하는 스타일 아냐."

이렇게 하면 여자는 무의식중에 지난 경험을 떠올리게 되고 어렵지 않게 모텔까지 따라온다.

모텔이나 호텔에 가면 정말 재미있게 논다. 밥을 시켜 먹거나 함께 예능 프로를 보면서 웃거나 한다. 영화도 보고 베개 싸움, 황토 팩을 하며 놀 때도 있다. 단, 섹스는 절대 하지 않는다. 확실한 믿음을 얻기 위해서다. 게다가 모텔 가서 그렇게 노는 건 여자 입장에서는 상당히 신선하고 재미있는 데이트 경험이기도 하다.

당신이 아무렇지도 않게 내뱉는 말을 여자는 모두 기억한다는 사실을 명심하라. 믿음 스킬을 사용하려면 일상 중에 몇몇 복선을 깔아두고 여자가 인지할 수 있게끔 해야 한다. 믿음을 얻을 수 있다면 모든 걸 얻는다.

다음으로 '바쁘다 스킬'에 대해 알아보자.

일이 바쁘면 여자친구에게 일일이 신경을 써줄 형편이 못 된다. 그러하니 평소에 시간이 널널해도 여자친구에게는 항상 '바쁘다'라고 말하라. 많이 바쁘다고 했으니 전화나 문자 메시지 빈도도 줄이는 게 낫다. 물론 여자친구가 가만히 있을 리 없다.

"바쁘다고 문자 한 통 못 보내!"

이런 반응이 지극히 당연하다. 이 상황에서 바로 전화해 '아까는 바빴는데 지금은 괜찮아' 하는 남자가 있다면 한참은 하수다.

처음 한 번은 무시하라. 그리고 두 번째 전화나 문자, 아마 저녁때쯤이 될 텐데 이때도 받지 마라. 그 대신 밤 9시 쯤 그녀의 집 앞에 가서 거기서 전화를 하라. 이때, 조금 단정하지 못하고 피곤한 모습으로 가는 게 좋은데, 컴퓨터 모니터 앞에 30분만 눈을 바짝 대고 있으면 동공이 풀려서 진짜 피곤해 보인다. 또 한 가지, 근처 슈퍼에서 빵과 우유를 산 다음 여자친구에게 전화를 건다.

"어떻게 된 거야!"

"지금 마쳤어."

"아니, 그래도 그렇지. 전화 한 통 없다는 게 말이 돼!"(거의 대부분 이렇게 반응한다.)

"나 점심때부터 굶어서 지금 빵이랑 우유 먹고 있어."(이 말에 여자의 마음은 약간 풀린다. 하지만 완전하게 풀린 것은 아니다.)

"지금 어딘데?"

"너네 집 앞."

"바쁘다면서 여긴 왜 왔어?"

"네가 전화했는데 못 받은 게 미안해서."

다른 말 필요 없다. 이 말만 하면 된다.

"지금 나갈 테니까 기다려!"

이제 당신은 빵과 우유를 천천히 먹고 있으면 된다. 여자친구가 이 모습을 보고 '참 없어 보이는 남자네'라고 생각할까?

당신은 며칠 전부터 바쁘다는 얘기를 미리 던져둔 상태다. 여자 입장에서는 남자친구 사정도 모르고 전화를 하지 않는다고 화를 낸 게 오히려 미안해질 수밖에 없다. 게다가 평소에는 멋있어 보이던 사람이 고생고생 돈 벌어가며 초췌한 모습으로 빵을 뜯고 있다면 잘해줘야겠다는 생각이 절로 들게 마련이다.

이 스킬은 여성의 모성애를 자극하려는 용도로 개발한 것이다. 또 나중에 정말 바쁜 일이 생기더라도 여자가 기분 나빠할 이유가 없어진다. 연락이 올 때까지 알아서 기다려주기 때문이다.

단지 생각을 못 할 뿐, 연애에 불가능은 없다.

노력하라,
사랑이 이루어질 것이니

"오빠! 지금까지 만난 남자 중에 오빠가 제일 못생긴 거 알아?"

여자들에게 이따금 듣는 말이다. 못생긴 얼굴도 연애의 무기가 될 수 있음은 앞에서 설명했다. 연애에서 남자 외모가 문제가 되는 것은 외모 그 자체가 아니라, 스스로 못생겼다고 여기는 데에서 오는 자신감의 결여다. 이것부터 떨쳐버려야 한다.

외모가 떨어진다거나 단점이 많다고 스스로 단정 지어버리면 답이 없게 된다. 여자 앞에서 주눅이 들어 마냥 작아지게 되고 여자 쪽에서도 당연히 시원찮은 반응을 보인다. 노골적으로 싫다는 대답을 하는 여자가 있는가 하면 '오빠 동생, 혹은 친구로 지내자'라는 말로 거리를 두려고 할 수도 있다. 이쯤 되면 남자는 더욱더 자신감을 잃게 되어 연애는 계속 꼬일 수밖에 없다.

자신감 결여의 가장 큰 폐해는 나의 장점을 충분하게 드러낼 수 없다는 데 있다. 여자를 앞에 두고 묵언수행만 하고 있으니, 이것을 좋아할 여자가 어디 있겠는가? 이야깃거리를 미리 준비해 데이트에 나가더라도 머릿속이 하얘져 도통 생각이 나지 않는다.

얼굴도 못생겼는데, 말까지 재미없다면 결과는 뻔하다. 여자는 속으로 '시간아, 빨리 가라'만 외칠 테니 데이트가 잘될 리 없다.

외모에서 실점을 하더라도 다른 부분에서 충분히 득점이 가능하다는 게 남자의 연애다. 물론 실점을 만회할 방법조차 찾지 않는다면 누구를 만나더라도 연애에 진전이 있을 수 없다.

연애는 무엇보다도 먼저, 자신감을 높이는 게 관건이다. 나의 득점 요인을 어필하자면 어떻게든 내면에서 밖으로 뭔가를 끄집어내야 하기 때문이다.

어떤 여자를 만나더라도 주눅 들지 말자

남자들 중에는 여자 앞에 서면 울렁증이 생기는 사람들이 많다. 그 증세는 대략 이렇다.

"저는 남자들이랑 있을 때에는 정말 말도 잘하고 재미있게 노는데, 여자 앞에 서면 이상하게 말문이 막히네요. 도대체 무슨 말을 해야 할지 모르겠어요."

울렁증이 생기는 것은 여자를 접할 기회가 많지 않다는 게 가장 큰 이유다. 여자와의 대화가 적다 보니까 여자들이 어떤 말, 어떤 행동을 좋아하는지에 대해서도 잘 모른다.

이 같은 경우에는 '여자 앞에서 재미있는 이야기를 해야 한다'는 강박관념을 버리는 게 중요하다. 굳이 재미가 없더라도 소소하고 일상적인 이야기를 나누는 것만으로도 여자들은 충분히 대화를 즐긴다.

또 한 가지, 어머니나 여동생, 친누나와 대화한다는 식의 마인드도 큰 도움이 된다. 울렁증이 생기는 근본 이유는 여자라는 존재를 지나치게 의식하고 있기 때문이다. 재밌는 말을 해서 점수를 따려는 생각 따위는 과감하게 버려라. 어머니나 누나 앞에서 이야기할 때 '웃어 주었으면' 하고 말하는 경우는 없다. 그저 편안하고 자연스럽게 이야기를 주고받을 뿐이다. 따라서 울렁증도 없는 것이다. 게다가, 유머나 재치는 자연스럽게 나올 때에 더욱 효과적이다.

여자들을 어떻게 대해야 할 줄 모른다면 존경하는 형님을 모신다고 생각하면 편하다. 좋아하는 형님 앞에서는 "아, 맞습니다. 형님", "역시 형님이십니다." 등의 리액션을 하지 않는가. 여자를 만나도 똑같다. 이야기를 하면서 함께 웃어주고 박수도 쳐주는 게 연애 리액션이다.

형님과 밥 먹으러 가서 숟가락을 놓고 물을 챙기며 "형님, 뭐 드시겠습니까?" 하고 물어보듯 여자를 대해보자. 형님이 술에 취했으면 숙취해소 음료를 사다주고 택시를 잡아 집으로 모시는 것도 똑같다고 보면 된다. 또 다음날 전화해서 "형님, 어제 술 많이 드셨는데 속은 괜찮으세요?" 혹은 "형님, 어제 즐거웠습니다. 고맙습니다." 하는 것이다. 여자에게는 조금 유연하게 대처하면 될 뿐이지 별반 다를 게 없다.

연애에 미치면 사람도 변한다

연애의 자신감을 높이는 데 유용한 방법은 이성을 무조건 많이 만나기가 첫 번째고 그 다음은 미리 준비하기다.

여자를 만난다고 해서 때 빼고 광내는 게 준비의 전부는 아니다. 물론 외모 경쟁력이 있다면 별다른 준비가 필요 없을 수도 있겠지만, 그렇지 않다면 '평소부터' 준비해야 한다.

서두에서도 언급했지만, 나는 연애와는 절대 상극인 외모와 성격을 지녔다. 그럼에도 연애 고수를 꿈꾸었던 것은 '노력하면 무조건 된다'는 절대적인 믿음이 있었기에 가능했다.

일례로, 나는 쉽게 살이 찌는 체질이다. 고등학교 2학년 때 운동을 그만두자 3개월 만에 체중이 110kg로 늘었다. 삼겹살 10인분을 먹고 나서 공기밥, 된장까지 먹어야 되는 식성이었다. 하지만, 다이어트를 해 16년 째 76~79kg을 벗어난 적이 없다.

뚱뚱한 몸으로는 여자들에게 어필하기 어렵기 때문이었다. 어느 정도 체격이 있는 것과 뚱뚱한 것은 엄연히 다르다. 여자들은 대개 어깨가 딱 벌어진 체격은 좋아하지만 허리와 엉덩이 라인이 구분되지 않는 사람은 싫어한다. 더군다나 내 얼굴은, 블로그에 프로필 사진 올렸다가 '사진 때문에 방문하기 싫으니까 내려달라'는 댓글이 100개 정도 달릴 만큼 상태가 심각했다.

나는 불고기 버거부터 당장 끊었다. 콜라, 사이다 같은 탄산음료, 라면, 피자, 초콜릿도 절대 손을 대지 않기로 결심했다. 정 고기가 먹고 싶을 때에는 쇠고기 육포를 사서 집에서 참기름장에 찍어 먹었다.

왜 이토록 노력했겠는가? 솔직하게 말하건대 뚱뚱하면 여자를 꼬실 수 없기 때문이었다. 내 몸무게 하나 스스로 조절 못 하면서 여자 마음을 훔칠 수는 없는 노릇이다.

한번은, 여자의 말 한마디에 6개월 동안 복근 단련을 한 적도 있었다. 초콜릿 복근, 식스 팩이라는 말이 생소했던 5년 전 이야기다.

"오빠 배가 빨래판이었다면 많이 좋아했을 텐데. 권상우처럼 생기는 게 불가능하다면 몸이라도 그렇게 돼야죠."

나는 이 말에 권상우 상체 사진을 집안 여기저기에 붙이고 하루에 2천 번 정도 윗몸일으키기를 했다. 어떻게든 '저 몸이 되어야 한다'는 일념으로 틈만 나면 윗몸일으키기를 한 것이다. 술도 끊고 저녁 7시 이후에는 물만 마셨다. 운동을 하면서 그녀를 원망하지는 않았다. 오히려 내 자신에게 화가 났다. 진작 운동을 해서 복근이 있었다면 그녀가 나를 좋아했을 텐데, 라는 후회마저 들었다. 그렇게 해서 6개월 후 그녀에게 복근을 공개했을 때 그녀의 "우와~" 하는 탄성을 아직도 잊지 못한다.

또 한 가지, 공부와는 완전 담을 쌓았지만 내게는 한자 2급 자격증이 있다. 하늘천 따지 그 이상은 전혀 몰랐던 내가 한자 자격증을 딸 수 있었던 것은, 마음에 드는 여자가 이 자격증을 준비하고 있었기 때문이었다. 그런데 그녀는 3개월 정도 준비했지만, 내게 남은 시간은 겨우 2주에 불과했다.

"너 이거 따면 다시 한번 생각해볼게."

나는 이 말에 하루에 한자 500개씩 외우며 시험을 준비했다. 사실 자격증 말고도 그녀에게 다가갈 수 있는 방법은 얼마든지 있었다. 하지만 직진을 피해 돌아서 가는 것은 자존심이 허락하지 않았다. 그리고 마침내, 한자 자격증을 딴 나는 3주 만에 그녀의 마음을 얻을 수 있었다.

여자를 꼬시는 데 이 정도까지 해봤다는 이야기는 결코 자랑거리가 못 되고 내세우고 싶은 마음도 없다. 그녀가 내게 농담으로 말했건 진심으로 말했건 나는 그녀가 좋았고 그녀를 얻고 싶다는 마음뿐이었다. 나는 내가 할 수 있는 가장 확실하고 빠른 방법을 택했을 따름이었다.

무언가에 미쳐서 빠져들면 모든 일이 당연하게 받아들여지고 그 노력조차 편해진다는 사실을 그때 깨달았다.

나는 그렇게 연애에 미쳐 갔다.

기본적으로, 여자들은 자상한 남자, 유머 있는 남자, 잘생기고 몸매 좋은 남자, 돈 많은 남자 등등을 좋아한다. 연애 초창기 때 나는 이 조건 중 어디에도 해당되지 않았다. 대신 한 가지 장점이라면, 남들보다 습득능력이 빨랐고 인내력이 있었다.

나는 그 같은 장점을 바탕으로 나만의 매력, 스타일을 하나하나 만들어 갔다. 특기나 장기라고 할 만한 것들도 기회가 되는 대로 익혔다.

17살 때 비보이 애들에게 여자들이 열광하는 것을 보고 춤을 배웠다.

18살 때 학교축제 때 색소폰을 부는 선배에게 여자들이 열광하는 것을 보고 색소폰을 배웠다.

20살 때 친누나가 "남자가 요리해주면 결혼이 정말 행복하겠다."라고 말하는 걸 듣고 한식, 일식 요리사 자격증을 땄다.

21살 때 여자친구가 기타 치는 남자가 좋다고 해서 기타를 배웠다.

22살 때 친구 녀석이 피아노 치면서 프러포즈하는 것을 보고 피아노를 배웠다.

돌이켜보면 내 인생의 레퍼토리를 다양하게 만들어준 건 바로 여자였다. 여자가 원하면 뭐든 했다. 어떤 식으로든 그 기대감을 충족시켜주고자 노력했다.

사실 여자의 마음을 잡기 위해서는 그녀가 원하는 남자가 되는 게 가장 빠른 방법이 아닐까? 팔불출이라고 생각할 수도 있겠지만, 혼자서 끙끙거리며 앓는 것보다는 나을뿐더러 '좋아하는 사람을 위해 뭔가를 한다'는 것은 연애의 가장 기본이기도 하다.

연애 고수는 어떻게 만들어질까?

연애를 하는 데 도움이 되는 조건은 다양하다. 경제력, 외모, 매너, 유머, 스타일 등등이 있겠는데, 이 모든 걸 다 갖출 필요는 없다.

연애에 성공하기 위해서는 무엇보다 '상대의 마음'에 들어야 한다. 잘생기고 매너, 스타일이 좋은데다가 경제력까지 모두 갖춘다면 더할 나위 없겠지만, 여자든 남자든 세상에 완벽한 사람은 없고 그런 상대를 원하지도 않는다. 경제력이나 외모가 다소 떨어지더라도 다른 걸로도 얼마든지 상대방 마음에 어필할 수 있다.

그렇다면 연애 고수들은 어떤 조건을 특히 중요하게 생각할까?

연애 고수는 자신의 연애 스타일을 고집하지 않는다

사람은 누구든 자기만의 연애 스타일이 있다. 과묵한 게 매력이라고 믿는 사람이 있는가 하면 말을 유난히 잘해서 이걸 자신의 장점으로 내세우는 사람도 있다.

하지만, 연애 고수는 다양한 장점을 가졌음에도 불구하고 상황에 따라서는 이 모든 걸 버릴 줄도 안다. 왜일까? 상대를 나에게 맞추는 게 아니라 나를 상대에게 맞추기 위해서다.

고수는 절대로 자기만의 스타일을 추구하지 않고 일단 여자를 유혹한 다음에 자기 스타일을 보여준다.

쉽게 말해보자. 마음에 드는 여자가 내 스타일을 좋아하지 않는다면 어떻게 할 것인가? 그래도 내 스타일을 고집할 것인가?

나는 남자다운 성격이라고 알고 있는데, 상대방 여자는 자상하고 작은 것 하나라도 잘 챙겨주는 부드러운 남자를 좋아한다고 하자. 아마 보통의 남자라면 몇 번 대시해 보다가 "세상에 여자가 너 하나뿐이냐?"라며 지레 포기하겠지만, 연애 고수는 남자다운 성격에 부드러움이 더해진 '양면성을 가진 남자'로 변신한다.

특히, 고수들은 여자가 어떤 스타일의 남자를 원하는지 순식간에 캐치해 내고는 그 부분을 집중적으로 어필한다. 이를 위해 여자의 말과 행동 하나하나에서 힌트를 찾는다. 연애 고수는 여자의 사소한 말 한마디도 기억하는 녹음기와 같다.

연애 고수는 껌 하나도 스킬로 사용할 줄 안다

일례로, 여자가 부드럽고 자상한 남자를 좋아하는 스타일이고 예전 만남에서 편의점 스타벅스 커피를 고르는 걸 보았다면, 이후 만남에서 남자는 여자가 말하지 않더라도 스타벅스 커피를 사서 따주며 이렇게 말한다.

"저번에 맛있게 드시던 모습이 떠오르네요."

이런 점이 여자에게는 '이 남자, 의외로 부드러운 면이 있구나.'라고 어필하는 것이다.

연애 고수는 데이트 레퍼토리가 많다

고수는 여자에게 어필할 수 있는 무기를 몇 가지씩 준비해 데이트에 활용한다. 바람둥이 생활을 위해서는 색소폰, 피아노, 노래 중 최소한 한 가지는 마스터해야 하는데, 색소폰의 경우 2년만 배우면 웬만한 곡은 다 연주한다. "이 나이에 무슨."이라는 말은 말자. 2년만 투자하면 평생을 여자 앞에서 폼 잡을 수 있다. 볼품 하나 없는 남자라도 색소폰을 잡으면 여자는 '멋있다'라는 느낌을 받을 가능성이 높다.

연애 고수는 모든 여자에게 다정하게 대한다

남자들은 참 간사한 게, 예쁜 여자들은 금지옥엽처럼 대하면서도 못생긴 여자들에게는 갑자기 태도가 돌변한다. 하지만, 고수는 그런 짓을 하지 않는다.

연애 고수는 여자에 대해 공부를 게을리 하지 않는다. 그런데 여자에 대한 정보가 어디서 나오겠는가? 바로 여자다. 예쁘건 그렇지 않건 다 똑같은 여자의 감성을 지니고 있다. 더욱이, 지금도 친하게 지내는 어느 여자는 내게 꽤 많은 여자를 소개해주기도 했다. 연애 고수는, 예쁜 여자와는 사랑을, 그렇지 않은 여자와는 우정을 나눈다.

그런데, 연애 고수들이 어찌어찌한다고 해서 그게 꼭 나의 답이 된다는 보장은 없다. 무작정 남의 연애 의견을 따를 게 아니라, 스스로 납득되는 부분만 잘 골라서 '내가' 선택해야 한다.

연애 블로그를 운영하다 보면 정말 많은 사람들이 상담 메일을 보내온다. '헤어질까요?' 혹은 '계속 만날까요?'라는 내용이 많은데, 내가 해줄 수 있는 조언은 한정되어 있다. 연애 블로그, 연애 서적의 방식과 현실은 괴리가 있을 수밖에 없고, 무엇보다 나는 그가 아니기 때문이다.

이 책의 내용 또한 나의 경험, 나의 연애에 불과하다. 길잡이 정도로만 여기고 헤어지든 계속 대시하든 스스로 선택해야 한다. 특히 여자분들의 경우 다른 사람의 충고에 유독 약한 경향이 있는데, 다른 사람의 말에 휘둘리거나 현혹될 필요는 없다.

내가 그 사람을 만났고, 그 사람과 이야기했고, 그 사람과 마음을 나눴다. 당신보다 그 사람을 잘 아는 사람은 세상에 없다. 다른 사람의 말은 그저 충고로 여기고 내 곁에 있는 사람만을 보고 거기에서 답을 찾아야 한다.

특히, 남자들은 관심 있는 여자에게 다가갈 때 심하게 착각하는 것들이 있다. 여자에게 이 정도로 해주면 무조건 넘어올 거야, 라는 근거 없는 자신감이다.

"이제껏 만난 여자들보다 더 정성을 들이고 그녀가 원하는 건 뭐든 다 해줬어요. 정말 목숨 다음으로 소중히 여겼는데 이 여자가 나를 싫다고 하네요. 그 이유를 모르겠어요."

이 같은 상담 메일을 받은 적이 있는데, 여자친구에게 최선을 다했다는 것은 '당신 생각'일 뿐이다. 여자 입장에서 생각해보자. 이전에 사귀던 남자친구와 비교했을 때 당신의 노력이 부족해 보일 수도 있다.

'내가 이 정도 아껴주고 좋아했으니까 그녀도 나를 좋아할 것이다.'

당신 스스로 OK라고 말하지 마라. 유명한 CF 카피도 있지 않은가? '고객'이 OK 할 때까지다.

연애에
미쳤던 날들의 기억

지금까지 만난 여자들을 헤아려보니 대충 900명 정도 되는 것 같다. 대부분의 여자들을 주로 길거리나 공공장소에서 '섭외'했다. 예쁜 여자를 보면 거의 반사적으로 따라가서 어떻게든 연락처를 받아내었고 곧바로 작업에 들어가곤 했다.

이렇게 해서 마음을 얻은 다음에는 또다시 다른 여자를 찾았다. 1년 동안 50명 이상의 여자를 만났는데, 길게 사귀어도 대개는 한 달을 넘기지 않는다. 아니, 대부분은 사귀자는 말도 하지 않았다. 헤어질 때 골치 아파지는 것을 미리 방지하기 위해서였다.

여기서 한 가지 의문점이 들지도 모르겠다. 여자를 처음 만나 그녀의 마음에 들기 위해서는 어느 정도 시간이 필요할 텐데, 어떻게 불과 며칠 만에 여자를 유혹할 수 있는가, 라는 점이다. 이게 보통 사람들의 상식이다.

남자의 눈에 여자가 들어오거나, 혹은 그 반대로 여자가 남자에게 반해 만남을 이어간다. 대개의 경우, 남자 쪽에서 훨씬 적극적이다. 문자로, 전화로 연락하며 진심을 보이고자 애쓴다. 그렇게 함께 밥을 먹고 영화를 보고 술을 마시며 서로를 탐색하다가, 어느 날 드디어 남자가 고백을 한다. 이때부터 사귀고 말고가 결정된다. 본격적인 연애가 시작되는 것이다.

대부분의 연애는 이렇게 이루어진다. 거의 이런 식으로 연애를 하고 사랑을 했을 것이다. 그런데 한번 곰곰이 생각해보자. 모든 연애가 꼭 이런 과정을 거치는 걸까? 누구를 좋아하고 사랑하는 데 꼭 얼마간의 기간이 필요한 걸까?

여자는 마음을 여는 데 비교적 많은 시간이 걸린다. 남자의 사랑은 양은냄비 같은 반면 여자의 사랑은 뚝배기 같아서, 활활 끓어오르기에는 여자 쪽이 훨씬 오랜 시간이 걸리는 것이다. 하지만 일반 가스렌지가 아닌 업소용 가스렌지로 뚝배기에 불을 지핀다면? 여자의 마음도 다를 바 없다. 어떤 식으로 접근해 어떻게 믿음을 주느냐에 따라서 여자들은 한순간에 끓어오른다.

바람둥이 생활을 후회하는 이유

나는 속칭 '바람둥이'였다. 원래부터 바람둥이 끼가 있어서 그렇게 된 것인지, 소싯적부터 연애에 몰두하다 보니 바람둥이가 된 것인지는 사실 잘 모른다.

20대 때에는 정말 좋았다. 아니, 행복했었다. 내게도 그처럼 예쁜 여자가 사랑한다는 말을 해주고 내 곁에서 잠든 모습을 볼 수 있다는 게 꿈만 같았다. 하지만, 세상 모든 일이 그렇듯 지나고 나면 후회되는 일이 한두 가지가 아니다.

무엇보다, 연인과의 아름다운 추억이 없다. 여자를 만나면 작업하기 바빴고 그녀를 얻기 바빴으니 알콩달콩한 재미란 게 없었다. 허구한 날 여자를 만나 시내에서 놀다가 술 마시고 모텔이나 호텔 가서 잠자리를 함께하는 게 거의 전부였다. 그러고 나서 아침에 일어나 밥 먹고 집에 데려다주면 끝일 뿐, 둘이서 여행을 가거나 도시락 싸들고 공원에서 산책하며 아기자기한 사랑을 나눠본 적이 없다. 놀러 다닌 적이 아예 없었던 건 아니지만, 적어도 내가 원해서 간 여행은 아니었다. 단지 여자가 원하니까 같이 가준 것뿐이다.

돌이켜보면 기억에 남는 게 별로 없다. 심지어 작년 이맘때쯤 누구를 만났는지도 잘 기억나지 않는다. 분명히 여자친구는 있었고 그녀와 잘 놀기는 했을 텐데 그게 누구였는지는 기억나지 않는다. 내가 기억하는 것이라고는, 헤어지자는 말을 하고 나서 싸대기를 맞거나 울고 불며 협박하는 여자의 모습 정도다. 쿨하게 헤어지거나 이도 저도 아니게 헤어진 여자들은 거의 기억에 없다.

이렇게 살아온 날들을 '연애'라고 할 수 있을까? 사랑한다는 말은 많이 들었어도 내게서 나온 대답은 전부 거짓이었다. 그녀가 내게 "사랑해."라고 말하니까, 나도 어쩔 수 없이 "사랑해."라고 대답해주었을 뿐이다.

그런 어느 날, 연애에 미치기로 마음먹기 이전에 숱한 여자들에게 차이며 상처받았던 꼭 그대로 내가 여자들에게 큰 상처를 주고 있다는 사실을 깨달았다.

가장 후회되는 것은 여자의 진심을 '진심인 척' 대했던 내 모습이다.

"너와 평생을 함께하고 싶어."

"나도 나이가 있는데 이제는 너 같은 여자 만나서 결혼해야지."

"너의 사랑한다는 말이 후회되지 않도록 해줄게."

이런 말들을 무릎 꿇고 눈물까지 흘려가면서 연기했던 지난날을 후회하고 또 뼈저리게 반성한다.

다음 장부터는 연애를 하는 남자들의 속마음, 바람둥이의 수법, 누군가를 마음에 품었을 때 알아야 할 연애의 진실에 대해 내가 경험하고 아는 범위 내에서 솔직하게 적겠다.

누군가를 마음에 품었으되 연애 기술이 부족해 애태우는 사람들에게는 그 남자, 그 여자에게 다가갈 수 있는 요령을 알려줄 것이고, 한편으로는 내게 다가오는 사람의 말과 행동이 과연 진심인지를 판단하는 데 적지 않은 도움이 될 것이라 믿는다.

특히, 사랑을 가장한 바람둥이들의 수법과 심리를 있는 그대로 밝힐 텐데, 이들 나쁜 남자들에게 마음을 빼앗겨 상처받는 사람들이 없었으면 좋겠다.

"그 사람은 절대 그럴 리 없어요!"

"명동 한복판에서 내게 사랑한다고 외쳤던 사람이에요!"

길거리에서 무릎 꿇기는 나도 지겹게 써먹은 수법이다. 착각 마라. 그 남자가 무엇을 맹세했든 오로지 당신을 유혹하기 위한 외침일지 모른다는 사실을 알아야 한다. '지금 이 순간 내가 이렇게 하면 이 여자에게 어떤 효과가 있을까?'를 저울질하며 연애하는 게 바람둥이들의 방식이다. 자신에게 넘어올 거라는 확신이 들면 무릎 꿇고 하루 종일도 사랑을 외칠 수 있는 게 바로 바람둥이다.

제발 진심을 가려볼 수 있는 안목을 갖추기 바란다. 나 같은 남자를 만나고 싶지 않다면…….

PART _ 02

사랑, 그 남자의 거짓말

바람둥이는 절대로
제 버릇 못 고친다

바람둥이, 참 많이 들었던 말이다. 처음에는 연애를 잘하는 것 자체가 목적이었지만 어느 순간 새로운 연애, 새로운 여자만을 찾는 스스로를 발견하고는 깜짝 놀라곤 했다. 지금은 바람둥이 생활을 청산했지만 여전히 쉽지가 않다. 이미 연애에 중독된 때문일지도 모르겠다. 왜 한 사람만을 바라볼 수 없을까?

바람둥이들은 자신도 모르게 여자들에게 친절하게 대한다.

일전에 불미스런 일이 있어 기분이 상당히 안 좋았던 적이 있다. 그날, 커피를 사기 위해 편의점에 무심코 들어갔는데 그 편의점 알바가 너무나 괜찮아 보였다.

그 순간이었다. 인상을 잔뜩 찌푸리며 들어갔던 내 얼굴이 어느새 '샤

방샤방'으로 변했다. 동시에 나도 모르게 그녀에게 작업 멘트를 날렸다.

"저기요, 죄송한데요. 어떤 커피가 맛있어요?"

그러자 그녀가 한 가지 커피를 알려주었다. 나는 그녀가 말한 커피 두 개를 들고 계산대로 향했다. 계산을 치르고 그중 하나의 커피에 스트로를 꽂아서 그녀에게 내밀며 말했다.

"이 커피 좋아하신다면서요."

그녀는 커피를 받으며 '고맙다'라고 말했다.

이른바 바람둥이들의 밑창 깔기 스킬이다. 그녀에게 나의 존재를 인식시키는 것이다.

만약 내가 여전히 바람둥이 생활을 하고 있다면 다음 날 같은 시간대에 다시 이 편의점을 찾을 것이다. 그녀와의 대화를 조금씩 늘리면서 작업에 들어갔을 게 틀림없다.

편의점을 나오면서 다시 안 좋은 일이 생각나 원래 인상으로 돌아갔다. 괜찮은 여자만 보면 나도 모르게 미소를 짓게 된다. 거의 본능적으로, 그녀에게 잘 보이고자 행동하고 멘트를 날린다.

왜 그렇다고 생각하는가? 답은 간단하다. 바람둥이 버릇은 절대 안 고쳐지기 때문이다. 습관이 되고 중독이 되어 잠시 억누를 수는 있어도 언젠가는 다시 바람기가 도진다.

필자의 연애 블로그에는 이런 상담을 하는 여자들이 꽤 많다.

"남자친구가 바람둥이 같은데 어떻게 하죠?"

"바람둥이, 나쁜 남자 사로잡는 방법을 가르쳐 주세요."

"바람둥이를 사귀고 있는데 이 남자가 나만 사랑하게 할 수는 없나요?"

헛된 바람이다. 바람둥이들이 당신 앞에서 어떤 맹세를 했건 그는 또 다른 여자에게 당신에게 했던 말 그대로 작업을 건다.

당신에게만큼은 진심이었다고 믿지 마라. 당신이, 여자들이 그런 말과 행동을 좋아하니까 그렇게 말했을 뿐이다. 당신이 그에게 넘어갔듯이 다른 여자들도 똑같이 넘어간다고 보면 된다.

바람기는 스스로도 절제가 잘 되지 않기 때문에 더욱더 문제다. 아니, 대다수는 절제할 생각조차 하지 않는다. 남자의 본능, 남자는 여자를 좋아하는 게 당연하다는 걸 핑계 삼아 이 여자, 저 여자에게 눈길을 보낸다. 여자를 만나면 어김없이 작업 멘트가 나온다. 남들보다 조금 더 잘생긴 얼굴로, 남들보다 조금 더 괜찮은 스타일로, 언변으로 여자의 마음을 사로잡는 것이다.

상담 메일의 내용은 조금씩 달라도 어차피 결론은 하나다. 그는 또 다른 여자에게 갈 것이고 그로 인해 당신은 상처받고 버림받는다.

바람둥이들의 깔아두기 전법

바람둥이들은 흔히 여자들이 먼저 다가왔다고 말한다. 자기는 가만히 있었는데 길거리나 모임 등에서 여자 쪽에서 먼저 연락처를 물어보거나 서성거리며 좋아한다고 고백하더라는 변명을 한다.

"나를 좋아해주는 여자를 무시하는 것도 여자 마음 아프게 하는 것이잖아?"

이렇게 말하는 바람둥이를 만난 적도 있다. 물론 치졸한 변명밖에 안 된다. 누가 먼저 다가가든 다른 여자를 만나는 순간, 그는 당신의 존재를 부정하기 때문이다.

"여자친구 있으세요?"

이 말에 바람둥이들이 어떻게 대답하겠는가? 당연히 없다고 말한다. 그래야 작업이 순조로우니까. 여자가 보기에 잘생기고 괜찮아 보여서 재차 물어보면 한술 더 뜬다. 그들에게는 이 상황에 대비해 준비된 멘트가 있다.

"에이. 있으면서 없다고 하는 거 아니에요?"

"평소에 그런 말 자주 들어요. 하지만 누구를 쉽게 사랑하는 사람은 아닙니다."

바람둥이들의 말은 교묘하다. '그런 말 자주 듣는다'는 것은 결국 당신 말고 다른 사람들도 그렇게 착각한다는 인식을 주기 위해서다. 그리고 '아무나 쉽게 사랑하는 사람이 아니다'라는 말은 또 뭐겠는가? 이 멘트는 나중에 그녀에게 고백할 때 자신이 '특별한 여자'라는 느낌을 주게 된다. 쉽게 말해, (저번에 이야기했듯이 내가 누구를 쉽게 사랑하는 사람은 아닌데) 너는 사랑하게 될 것 같다는 인식을 주는 것이다. 보통 사람들이 그렇듯 '나 너 사랑해'라는 식의 뜬금없는 고백은 절대로 하지 않는다.

대다수 여자는 바람둥이의 말을 그대로 믿을 수밖에 없다. 자신에게 그처럼 치밀하게 계산해서 말을 한다고는 상상하기 어렵기 때문이다.

이것을 바람둥이들의 '깔아두기 전법'이라고 한다. 바람둥이들은 여자와의 훗날을 염두에 두고 미리 여러 가지 암시를 깔아둔다. 믿음을 얻기 위해서다. 믿음을 얻어서는 마음을 얻고, 그 다음에는 몸을 얻으려 할 것이다. 물론, 그와의 인연은 여기까지다.

바람둥이 남자와는 아예 인연을 만들지 마라

바람둥이들이 늘 하는 말이 있다.
"젊었을 때에나 여자 만나지. 나중에 나이 들면 철들지 않겠어?"
천만의 말씀이다. 한번 바람둥이는 영원한 바람둥이다. 나중에 한 여자와 사랑에 빠진다고 해서, 그녀와 결혼한다고 해서 바람을 안 피울 거라 생각하면 크나큰 착각이다.

내가 알고 있는 바람둥이 중 한 명이 작년에 결혼했다. 그는 결혼하기 전에 만났던 여자들을 모두 정리했을까? 물론 몇몇 여자들은 정리했지만 한 여자만은 남겨두었다. 어느 날 그와 만나고 있을 때 여자 한 명이 온다고 하길래 나는 당연히 와이프인 줄 알았더니 그의 또 다른 애인이었다. 그녀가 자리에 앉으며 물었다.

"여행 잘 갔다 왔어?"

이 말에 바람둥이 지인은 혼자 여행 가서 찍었다며 사진을 몇 장 보여주었는데, 원래 와이프랑 신혼여행 가서 찍은 독사진이었다. 나도 남 못지않은 바람둥이 생활을 했지만 그 모습을 보고서는 정말 놀랐다. 진정 연말 연기대상 감이었다.

나 역시 느끼는 것이지만 바람둥이들은 변하지 않는다.

솔직히, 바람둥이 습성을 없애기 위해 나는 별짓을 다해보았다.

파란색을 보고 있으면 여자에 대한 감정이 사라진다는 말에 안방을 파란색으로 도배한 적도 있었다. 한때는 동성애에 빠져볼까, 라는 고민도 진지하게 했다. 슬픈 사랑 이야기, 진정한 사랑 이야기를 다룬 영화를 수도 없이 보았다. 그런데도 다 소용없었다. 파란색 벽지로 도배를 하면 뭐하는가? 길거리에서 예쁜 여자를 보면 나도 모르게 따라가서는 작업 멘트를 날리기 일쑤인데…….

여자 분들에게 부탁드리고 싶다. 만나는 남자가 바람둥이라면 절대 마음을 줘서는 안 된다. 바람둥이를 좋아할 여자가 어디 있겠냐마는 이마에 '바람둥이'라고 써 붙이고 다니는 바람둥이는 없다.

게다가 내 남자라면 어떻게든 붙들고 싶은 마음이 앞선다.

내게 이런 상담을 한 여성이 있었다.

"딴 여자가 있는 걸 제게 들켰는데, 그 여자와는 헤어지겠다고 하네요. 믿어도 될까요?"

그가 자기에게 올 거란 한 가닥 바람에 이런 상담을 했을 텐데, 부질없는 짓이다. 그 남자는 당신의 존재가 다른 여자에게 들켰다고 해도 똑같이 말할 것이다.

남자친구를 못 믿는 것도 문제겠지만, 바람둥이인 줄 알면서도 믿는 어리석음만큼은 없어야 한다. 바람둥이는 한 여자에게 절대 만족하지 못한다. 김태희 같은 여자를 만나면 이 생활을 접겠다는 어느 바람둥이의 말을 듣고 폭소한 적이 있다. 왜? 실제로 김태희와 사귄다고 해도 바람피울 남자는 바람을 피운다.

절대로 과장이 아니다. 내 자신이 오랜 세월 바람둥이로 살았고 누구에게 뒤질세라 여자 만나기를 양말 갈아 신듯이 했기에, 분명하게 말할 수 있는 것이다.

여자가 바람둥이 남자에게 끌릴 수밖에 없는 이유

바람둥이 때문에 상처받는 일이 많다 보니 인터넷에서 바람둥이의 특징에 대한 글을 어렵지 않게 찾을 수 있다. 그 같은 정보 외에도 어설픈 바람둥이들은 어딘가 모르게 허점이 있게 마련이다. 그런데, 정작 문제는 이 남자가 분명히 바람둥이 같은데 끌릴 수밖에 없다는 데 있다. 도대체 왜 여자들은 바람둥이 남자에게 끌리는 걸까?

바람둥이는 여자에 대해서 잘 안다

여자에 대해 잘 안다는 것은 곧 여자가 무엇을 좋아하는지를 알고 여자에게 맞출 줄 안다는 의미다. 여자는 대개 자상한 남자를 좋아한다, 은근슬쩍 챙겨주는 것을 좋아한다 등등 여자의 성향을 잘 알고 거기에 맞춰주는 능력이 탁월하다. 또 여자에게 감동을 주는 다양한 레퍼토리를 갖고 있고 그것을 연애에 활용할 줄 있다. 그렇기에 데이트가 지루하지 않고 똑같은 패턴이 없다. 이런 것들이 결부되어 여자에게 호감을 불러일으킨다.

말을 잘하는 것 이상으로 여자가 원하는 말을 할 줄 안다

　바람둥이들은 하나같이 언변이 뛰어나다. 게다가 여자가 듣고 싶어 하는 말, 떠받드는 듯한 착각이 드는 말 등을 가려서 할 줄 안다.
　예를 들어, 여자가 약속시간에 30분 정도 늦었다고 하자. 이때 보통 남자들은 왜 이렇게 늦게 오니, 늦게 오는 바람에 이것이 어떻고 저것이 어떻고 하지만, 바람둥이의 멘트는 차원이 다르다.
　"나한테 예쁘게 보이려고 30분 동안 화장 더 했구나."
　이렇게 웃어넘기는 게 바람둥이다. 어차피 나중에 헤어지면 그만일 테니, 괜히 조금 늦은 걸 가지고 시시콜콜 따지지 않는다. 반면에 이 상황에서 여자는 '이 남자는 마음이 넓구나'라는 착각을 하기 십상이다. 예를 하나만 더 들어보자.
　여자와 남자가 커피숍에서 처음 만났다. 이런저런 이야기 중에 남자가 담배를 피우는데, 여자가 "저 담배냄새 정말 싫어해요."라며 바로 싫은 내색을 한다.
　이때 보통 남자들은 그 자리에서 담배를 끄고 앞으로 끊겠느니 어쩌니 하지만 바람둥이 남자들은 다르다. 테이블 위 벨을 눌러서 직원을 부른 다음 그에게 담배와 라이터를 주고는 한마디한다.

"이것 좀 버려주시겠어요? 이 여자를 계속 만나고 싶거든요."

좀 유치하긴 하지만, 여자를 유혹하는 데 상황을 이용할 줄 안다는 게 핵심이다. 게다가 말만으로 끝나지도 않는다. 이 여자를 만날 때에는 정말로 담배를 전혀 피우지 않는다. 나중에 여자가 자기의 사랑을 의심할 때 이 부분을 끄집어내기 위해서다. 즉, 사랑을 어필하는 도구로 삼는 것이다.

"내가 너 때문에 10년 동안 피우던 담배까지 끊었던 거 몰라? 지금까지 여자 만나면서 한 번도 그런 적 없었는데……."

여자들은 이 말을 곧이곧대로 믿을 수밖에 없다. 실제로 자기 앞에서는 한 번도 피우지 않았고 냄새도 나지 않기 때문이다. 바람둥이들은 이런 말들 몇 가지는 기본적으로 외우고 있다. 가장 흔하게 쓰이는 대사는 바로 이것이다.

"이제껏 많은 여자를 만났는데, 누군가를 이처럼 좋아해본 적은 처음이야."

이런 느끼한 대사에 넘어가겠냐고? 넘어왔으니 여기에 적는다.

바쁘지 않아도 바쁜 척, 챙겨주는 척 연기를 잘한다

바람둥이와 연인 사이가 되면 이때부터 그는 바빠지기 시작한다.

'이제는 내 여자'라는 생각에 또 다른 여자를 찾아야 하기 때문이다. 이전처럼 이 여자에게 투자를 하고 시간을 많이 할애할 수 없으니 바쁜 척해야만 한다.

　이때 여자의 반응은 어떻겠는가? 이 남자가 예전에는 잘해주었는데 사귀고 난 다음부터는 변했네, 라는 생각이 들 것이다. 물론, 이것마저도 바람둥이들은 머릿속에 다 계산해둔다. 무조건 등한시하면 자신이 차일지도 모르고, 여자가 화를 내거나 하면 그 또한 피곤한 일이므로 바쁜 척하는 등의 방법을 찾는 것이다.

　이처럼 바쁜 척할 때 유용한 스킬이 몇 가지 있다. 예를 들어, 평소에 바쁘다는 이야기를 몇 번 해두고 여자가 만나자는 말에도 바빠서 못 만난다며 일단 거절한다. 그리고 그 다음 날 약속을 잡아 잠깐 만나서 차를 마시고는 헤어진다. 그런 다음 문자 하나를 날린다.

　[아무리 바빠도 네 얼굴은 보고 살아야겠다. 너 보니까 힘이 나네, 고마워.]

　[바쁜 중에도 너만 생각나는 거 보니까, 난 네가 참 좋은가봐.]

　이런 식으로 여자 마음을 흔든다. 물론 그러고 나서 다시 바빠진다.

　또 한 가지 방법은, 만나기로 약속한 전날에 여자친구 집 근처에서 전화를 한다.

　"바쁠 텐데 왜 왔어?"

　"오늘도 보고 싶고 내일도 보고 싶은데 어떻게 해."

　유치해 보이기는 해도 막상 이 말을 듣는 당사자가 되면 이야기는 달라진다. 그렇게 바쁜데도 나를 만나러 와주는 남자, 내 생각을 해주는 남자라고 철석같이 믿어버린다. 그게 연기인 줄은 꿈에도 모른다.

의심을 하려고 해도 할 수 없는 상황으로 몰고 간다

여자들은 대개 남자친구를 충분히 관리할 수 있다고 믿는 경향이 있다. 남자친구에게 아예 무관심하면 모를까 바람피우면 다 드러나게 마련이라는 논리다. 하지만, 바람둥이 남자들은 보통 남자들과는 다르다.

일례로, 여자친구와 만나는 중에 다른 여자로부터 전화가 걸려 와도 바람둥이들은 전혀 동요하지 않는다. 여자 전화번호가 뜨더라도 아주 태연하게 전화를 받는다.

"오빠가 나중에 전화할게."

하고 끊는데, 여자친구가 누구 전화인지 물어보면 선수를 친다.

"응, 아는 동생. 전화해 볼래?"

이 상황에서 전화를 걸겠다며 '핸드폰 줘봐'라고 할 사람이 있을까? 예전의 경험을 통해 바람둥이 남자들은 상대가 절대로 그렇게 하지 않는다는 사실을 알고 역이용하는 것이다.

이처럼 임기응변이 뛰어난 외에도 알리바이나 핑계를 위해 자신의 주위 친구 한두 명을 미리 소개시켜 주는 경우도 있다. 예를 들어, 남자친구의 지갑에서 모르는 여자의 사진을 발견했다면 그는 이렇게 반응할지도 모른다.

"이 여자 누구야?"

"준석이 소개팅 해줄까 하고 가지고 온 거야. 내일 준석이 만나잖아. 그리고 저번에 여자한테 전화 온 것도 이 여자야. 소개팅 때문에 전화했더라구."

"누군데?"

"학교 후배. 소개팅 끝나거든 준석이한테 한번 전화해서 물어봐."

이런 식으로 말하며 위기를 넘기므로 여자들이 의심하기가 쉽지 않다. 또 바람둥이들이 평소에 잘 하는 말이 있다.

"나는 머리가 나빠서 동시에 두 여자는 못 만나."

여자 쪽에서 의심을 하기 전에 미리 이 같은 밑밥을 깔아둔다. 여자가 이 말을 기억하고 있을 거라는 계산에서다. 나중에 걸릴지 안 걸릴지 모르지만, 은연중에 이런 식으로 대비해두는 것이다. 만약에 여자가 의심을 하면 이런 '장치'들을 떠올리게 해서 여자를 안심시킨다.

간혹, 여자들은 바람둥이 남자들을 가엽다고 여기는 경우도 있는 듯하다. 자기 짝을 못 찾아 이 여자, 저 여자 사이에서 왔다 갔다 하기 때문이다. 아직 진정한 사랑을 못 만난 남자라고 보는 것이다.

하지만, 정작 바람둥이들 생각은 다르다. 절대로 자신이 불쌍하다고 여기지 않는다. 그 대신 자기가 목숨 내놓고 사랑할 여자를 못 만났을 뿐이라고 멋대로 해석한다.

바람둥이들에게 개과천선을 기대하지 마라. 오로지 이별이 최선의 선택이다.

'그 남자, 나를 그렇게 사랑했는데… 아닐 거야.'

이것이야말로 가장 어리석은 생각이다.

갑자기 이별을 말하는 남자의 진짜 이유

"우리 이제 헤어져. 아무리 생각해봐도 너랑 안 맞는 거 같아."

갑자기 하늘이 무너진다. 어제까지만 해도 사랑을 속삭이던 사람이 갑작스럽게 이별을 말하는 건 도대체 왜일까? '당신과 안 맞는다'고 말하는 건 핑계에 불과하다. 그에게는 당신에게 말하지 않는 진짜 이유가 따로 있다.

바람둥이 생활을 해오며 익힌 노하우를 바탕으로 이제껏 수백 명의 남자들에게 연애 상담을 해오면서 느낀 게 하나 있다. '남자는 여자를 정말 좋아한다'는 사실이다. 당연한 소리 아니냐고?

그런데 여자에게 다가가는 남자는 '정말, 이 여자가 아니면 안 된다'라는 생각으로 대시하는 걸까? 천만의 말씀이다. 여자들이 가장 흔하게 착각하고 망각하는 게 바로 이 부분이다.

남자는 자기 주위에 있는 접근 가능한 여자들 중에서 그나마 제일 괜찮은 여자에게 다가갈 뿐이다.

기본적으로, 남자에게 '이상형'이라는 건 큰 의미가 없다. 따라서 이상형에 맞는 여자만을 기다리는 남자도 없다. 남자는 아주 사회적인데다가 이성적인 동물이다. 타협과 굴복 같은 처세 감각은 본능적으로 타고나는 측면이 있다. 좀 더 쉽게 말해보자.

'못생긴 여자가 3명 있으면 그중에 제일 괜찮은 여자를 찾는 게 남자라는 동물이다.'

지금 당장 이 여자 말고 다른 여자가 없기에 잘해줄 수도, 사귈 수도 있는 것이다. 나는 개인적으로 '진심'이라는 단어를 좋아하지 않는다.

"그 남자는 진심이었어요."

"그 남자 눈이 그렇게 말했어요. 그 남자 행동이 그렇게 보였어요."

남자에게 차인 다음 이런 말을 하는 여자 분들이 있다. 하지만 안타깝게도 그 마음, 그 눈빛, 그 행동은 당신을 유혹하는 '그 순간'에만 진심이다. 나는 사랑을 잘 모르지만 감히 이런 것들을 사랑이라고 말하지는 않는다. 물론, 백이면 백 모든 남자가 그런 것은 아니겠지만 이것이 대다수 남자들의 보편적인 심리이자 연애 방식이다.

7년간 20번의 프러포즈 끝에 결혼한 남자

친구 중에 7년 동안 20번이나 프러포즈한 끝에 드디어 그 '퀸카'와 결혼에 이르게 된 남자가 있다.

프러포즈에 실패하게 되면 급격하게 애정이 식어버리는 남자들이 많다. 그 때문에 '남자의 고백은 한번쯤 거절하라'는 연애 지침이 있기도 하다. 고백에 한 번 실패했다고 해서 바로 잠수를 탔다가 며칠 후에 술 마시고 전화해서는 '너를 사랑했느니 어쨌느니' 하는 남자들은 걸러내야 하기 때문이다. 남자 쪽에서 진심으로 좋아했다면 한 번의 거절에도 불구하고 계속 대시해오는 게 정상이다.

친구 녀석은 비록 19번의 고백이 실패했지만, 프러포즈가 수포로 돌아간 다음에는 꼭 이렇게 말했다고 한다.

"아직 내가 남자로 보이지 않는 모양이구나. 더 노력할게."

더 노력해보겠다는 남자를 말릴 여자는 잘 없다. 자기만 바라보고 있다는 게 안타까울 수는 있겠지만, 남자의 마음이 진심이라는 사실을 안다면 쉽게 내치지는 못한다.

따라서 한번쯤 고백에 실패하더라도 그 여자를 등한시해서는 안 된다. 진심으로 좋아한다면 '언젠가는 알아주겠지'라는 믿음을 가져라.

여기서 한 가지 주의할 게 있는데, '진심이 언젠가는 통한다'는 의미는 절대 아니다. 진심은 눈에 보이지 않아서 연애에는 별다른 힘을 발휘하지 못한다. 내가 좋아하는 것만큼 상대도 나를 좋아해야 커플이 성사되는 것이다. 진심은 일단 제켜두고 거울 앞에 서서 내게 부족한 것은 과연 무엇인지 살펴야 한다.

친구 녀석은 연이어 퇴짜를 맞는 가운데 엄청난 노력을 했다. 그녀가 통통하고 덩치 있는 남자를 좋아한다는 말에 무려 16kg이나 살을 찌웠다. 세상 어떤 일이든 미치면 답이 보이는 법이다. 다만, 정신 줄만 놓치지 않도록 스스로 잘 컨트롤하면 된다.

그녀에게 남자친구가 있을 때에는 연락도 뜸하고 자주 만나주지도 않았다. 하지만 내 친구는 그녀에게 남자가 있다고 해서 섭섭해하지 않았다. 누구든 자신이 좋아하는 사람과 사귈 수 있고 애인이 될 수 있다. 이것을 인정했다. 만약 이것을 인정하지 못했다면 그녀와 그의 사이는 멀어질 수밖에 없고 다음 기회는 오지 않았을 것이다.

간혹 "내가 좋아하는 걸 뻔히 알면서 이 남자, 저 남자 사귀어?"라며 막무가내인 남자들이 있는데, 그녀는 당신과 사귀는 게 아니다.

친구는 그녀가 다른 남자를 사귀는 것을 오히려 기회로 여겼다. 그에게는 자신감이 있었다.

나보다 더 잘해주고 나보다 더 너를 바라보는 남자는 없다.

너를 위해 죽으라면 죽는 시늉도 할 수 있는 사람이 나다.

너를 진심으로 사랑하지 않았다면 7년간 이처럼 너만 바라보고 있지는 못했을 것이다.

이 같은 생각으로, 그녀와 사귀는 남자들의 부족한 부분, 잘해주지 못하는 부분을 공략하기 시작했다. 남자친구와 트러블이 있을 때 그녀는 과연 어떤 남자에게 하소연하겠는가? 그만큼 '정'이라는 단어는 무섭고 그녀의 근처에 맴돌다보면 언젠가 기회는 오게 마련이다.

결국 그녀는 다른 남자와 몇 번 사귀다가 마음의 상처를 크게 입은 다음에 내 친구와 결혼에 이르게 되었다.

허구한 날 차이는 와중에 그 친구는 내게 이렇게 말한 적이 있다.

"언젠가는 알아주겠지."

드물기는 하지만 이런 식으로 사랑하는 남자들이 간혹 있다. 물론 이런 남자는 극소수에 불과하다. 대다수 남자들은 한 여자에게 안주하지 못하는 속성을 지녔다.

자, 지금부터가 반전이다.

앞에서 소개한 친구로부터 얼마 전 '안마시술소 같이 가자'라는 전화가 왔다. 7년 동안 한 여자만 바라보며 지고지순한 사랑의 전형을 보여준 친구인데 왜 이렇게 달라졌을까? 쉽게 말하자면 '만날 밥만 먹고 살 수 있나'라는 심리다. 그간의 사정을 잘 아는 나는 바로 되물었다.

"너 제수씨 그렇게 어렵게 얻어놓고 그 짓을 하고 싶어?"

"어차피 바람피우는 것도 아니고 딱 한 번인데. 그리고 나 우리 와이프 사랑해."

이게 바로 대다수 남자들의 심리다. 친구의 사랑을 비하하려는 의도는 절대 아니다. 하지만, 남자의 바람기는 그녀를 얻은 다음에 비로소 시작된다는 사실만큼은 꼭 기억하자.

이별 이야기 뒤에는 언제나 다른 여자가 있다

연애 초반에는 대부분 남자가 여자에게 잘해주지만, 시간이 흐를수록 여자가 남자를 더 잘 챙겨주고 위해주는 경향이 있다. 여기에는 남자들의 보상심리도 한몫한다.

"뭘 좋아해? 오빠가 뭐든 해줄게."

"주말에 어디 가고 싶은 곳 있어?"

이렇게 하다가 막상 그녀의 마음을 얻은 이후에는 자신이 들이게 될 노력, 시간, 돈이 아깝게 느껴지는 것이다. 차츰 성의가 없어지고 여자를 귀찮아하는 일은 늘어나지만, 이미 마음이 기운 여자는 오로지 예전만을 기억하며 위안으로 삼는다.

'이 남자가 지금은 이래도 내가 잘해주면 또다시 예전처럼 잘해줄 거야.'

그 같은 마음에 웬만한 일은 다 이해해주고 양보한다. 남자가 하자는 대로, 원하는 대로 스스로를 맞춰준다.

사랑하기 때문에 헌신한다는 믿음은 좋긴 한데, 불행히도 남자친구가 예전으로 돌아올 가능성은 거의 없다.

당신은 어느새 남자친구와 '잠자리를 함께하는 엄마 같은 존재'로 전락했기 때문이다. 뭐든 말만 하면 다 들어줄 테니 이런 여자친구와 당장 헤어질 남자는 없다. 더 이상 당신을 사랑하지 않는다고 하더라도 그는 당신을 계속 곁에 두려고 할 것이다.

문제는, 남자를 지극정성으로 대했음에도 불구하고 이별 통보를 받게 되는 경우다.

"남자친구에게 그렇게 잘했는데 왜 차였나요?"

남자는 누군가를 유혹하기 전에는 그녀에게 최선을 다하지만 일단 사귀기 시작하면 그때부터 주위를 둘러본다. 많은 남자들에게 가능성을 남겨두지만 한 남자를 선택하면 그에게만 정성을 들이는 여자와는 정 반대인 셈이다.

먼저, 당신 남자친구 입장에서 생각해보자. 당신이 남자친구에게 반해 사귀었듯이 다른 여자들도 당신 남자친구를 좋아할 수 있다. 게다가 그는 자신에게 다가오는 여자를 마다하지 않는다. 아니, 당신에게 처음 다가갈 때 그러했듯이 남자 쪽에서 더욱 적극적인 경우도 많다.

그렇게 다른 여자를 만나 그녀에게 정성을 쏟고 마음을 얻은 다음 그는 결국 선택의 순간에 이르게 된다.

1. 두 여자를 동시에 다 만난다.
2. 두 여자 중 한 명에게 이별을 하고 한 여자만 만난다.

당신이 어느 날 갑자기 이별 이야기를 들었다면 2번 상황의 피해자일 가능성이 다분하다. 간혹 1번 선택을 하고 바람을 피우다가 걸려서는 이렇게 말하는 남자도 있다.

"네가 나를 잡으면 되잖아. 그만한 자존심도 없어?"

이것은 이제부터 대놓고 바람피우겠다는 말에 다름 아니다.

화가 나 순간적으로 헤어지자는 말을 하는 경우 외에, 남자가 이별을 말할 때는 이미 어느 정도 준비를 끝낸 경우가 대부분이다.

헤어지자고 한 다음 일주일 동안 연락이 없다가 다시금 연락해서는 미안하다며 앞으로 잘 지내자는 남자도 마찬가지다. 일주일 동안 다른 여자를 만나다가 진도가 잘 나가지 않으니까 다시 당신을 찾았을 가능성이 훨씬 높다.

이별을 말하는 남자에게 미련을 가질 이유는 없다. 남자가 여자에게 이별을 말하는 경우는 애초부터 사랑이 아니었다.

그는 왜 사귀자는 말이 없을까?

만남과 행동은 연인이나 거의 다를 바 없는데, 사귀자는 말이 없고 고백도 하지 않아 여자의 애를 태우는 남자들이 있다. 그들의 속마음은 과연 어떨까?

남자들이 연인 관계를 인정하기 싫어하는 첫 번째 이유는 책임지고 싶지 않기 때문이다. 게다가 웃긴 것은, 사귀자는 말은 없어도 여느 연인들처럼 할 것은 다 하고 싶어 한다. 언젠가는 버릴 여자이기 때문에……. 한때의 만남이란 생각을 갖고 있기 때문에 사귀자는 말을 하지 않는 것이다.

정식으로 사귄다는 관계 설정을 하게 될 경우, 이런 남자들 입장에서는 아주 피곤해진다. 작은 이벤트 같은 것도 해야 하고 진심 아닌 진심

연기도 필요하다. 좋아하는 척, 사랑하는 척도 해야 하고 그에 걸맞게 행동해야 하니 얼마나 성가시겠는가.

예전에 어떤 여자를 만났는데 그녀가 내게 이런 말을 했다.

"좋아한다는 고백을 할 때 남자가 눈물을 흘리면 진심 같아 보여요."

그래서 그녀 앞에서 없는 눈물을 쥐어짜며 이야기를 한 적이 있다. 그때는 마음을 얻는 게 목적이었으므로 연기를 했지만, 한편으로 순진하게 믿음을 주는 여자들이 한심하다는 생각마저 들었다.

서로 연인 사이가 되기 전까지는 남자에게 속마음을 말하지 않는 게 좋다. 그 부분을 공략해 어떻게든 유혹하려는 게 남자의 속성인 반면에, 사람의 진심은 한참 나중에야 드러나는 법이기 때문이다.

'그냥 널 좋아해'라는 말이나 다른 핑계로 연인 관계를 미루는 남자라면 손을 잡고 입을 맞추고 그 이상을 원하는 남자의 기대에 부응하지 않는 게 현명한 대처법이다. 충분한 시간을 두고 진심을 헤아린 다음에 꼭 그만큼만 허락하는 것이다. 한순간의 바람기나 어떻게 해보려는 마음만 앞서는 남자라면 제풀에 떨어져 나간다.

서로 사귀자는 말 없이 연인 비슷한 관계가 되면 답답한 것은 거의 여자 쪽이다. 남자 입장에서는, 여자의 마음을 얻은 반면 연인 관계에서 오는 부담을 지지 않을 수 있기 때문이다. 특히 바람둥이들은 한순간의 사랑이 목적이므로, 더욱더 관계 설정을 미루려고 한다. 한마디로 구속받기 싫은 것이다.

남녀가 사귀기 시작하면 일정 부분 서로에 대한 구속은 당연한 것인데, 바람둥이들은 이것을 못 견뎌 한다. 심지어 여자가 귀찮아질 무렵에는 이 관계 설정을 빌미로 여자에게 충격을 주는 경우도 있다.

"이번 주에 우리 안 볼 거야?"

"우리가 사귀는 사이야? 매주 보게."

"사귀는 거 아니었어?"

"내가 언제 너한테 사귀자고 한 적 있어? 착각하지 마라."

이 같은 상황을 만들어 여자를 떼어내는 것이다. 바람둥이들은 이런 말을 감내할 여자들이 없다는 걸 알기 때문에 쓰는 수법이니, 여기에 대해서는 더 이상 미련을 갖지도 슬퍼하지도 말자.

마지막으로, 바람기가 있는 남자들은 스스로에게 '솔로' 타이틀을 붙이고 싶어 하는데, 이 때문에 사귀자는 말을 꺼리기도 한다. 술자리 같은 데에서 새로운 여자를 만나는 경우, 사귀는 사람이 없다는 식으로 스스럼없이 말할 수 있기 때문이다.

"여자친구 있어요?"

"아뇨. 아직 없어요."

만나는 여자는 분명히 있지만, 아직 사귀자는 말을 안 했으니 이처럼 태연하게 솔로 연기를 할 수 있는 것이다. 스스로 양심의 가책을 느끼지 않기 위한 자기합리화 심리로 보면 된다. 내용상으로 볼 때 사귀는 게 분명한데, 다른 여자를 만난다는 건 나처럼 작정한 바람둥이가 아닌 이상 찔리는 구석이 있게 마련이기 때문이다.

사귀는 관계를 부정했다면, 그녀는 그 남자에게 도대체 어떤 존재일까? 여자들이 들으면 매우 섭섭하겠지만 그냥 '아는 여자' 범주에 속할 수도 있다. 그저 아는 여자이기 때문에 나는 바람둥이도 아니고 다른 여자를 만날 수도 있다, 라는 식이다.

사귀자는 정식 고백이 없는 한, 남자가 아무리 자기 이상형이고 또 마음에 든다고 하더라도 연인처럼 행동하는 것은 금물이다. 만난 지 한 달도 안 돼 고백하는 남자는 일부러 한번 튕겨보라고까지 했다. 남자의 마음이 진심이라면 또다시 대시할 수밖에 없는 게 남자들의 연애 심리이기 때문이다.

아니, 좋아하는 여자에게 끊임없이 구애하는 건 남자의 본능에 가깝다. 만약에 진심으로 당신을 사랑한다면 그는 반드시 다시 다가온다.

남자가 마음에 안 드는 여자를 사귀는 이유

사귀자는 말 없이 연인처럼 행동하는 남자들이 있는 반면에 마음에 안 드는 여자를 계속 사귀는 남자들도 적지 않다. 마음에 들지 않으면 바로 헤어지면 될 것을, 여자에게 사실대로 말하지 않고 계속 사귀려는 남자들은 어떤 생각을 하고 있을까?

가장 일반적인 경우는, 주위에 마음에 드는 여자가 없기 때문이다.

당장 주위에 마음에 드는 여자가 없거나 있더라도 그녀에게는 이미 남자친구가 있는 등 마음을 얻는 노력 자체가 버거울 때도 있다. 그런데, 썩 내키지는 않지만 외모가 아주 떨어지지도 않는 여자가 자신에게 호감을 보인다면? 이 상황에서는 거의 100% '그냥 이 여자와 사귈까?'라는 생각을 하는 게 남자다.

이 같은 만남은 위태로울 수밖에 없다. 상대 여자가 마음에 아주 들어서 사귄 게 아니기 때문이다. 이후 마음에 드는 여자의 등장이 없다면 만남이 계속 유지될 수는 있다. 하지만 그녀와 사귄 이후에 더 예쁜 여자가 자신에게 다가오거나 더 괜찮아 보이는 여자가 남자의 눈에 들어온다면? 이 남자는 그 즉시 현재의 여자친구를 부정해 버린다. 처음부터 자기 짝이 아닌데도 불구하고 그냥 사귄 것뿐이니까.

이 같은 심리를 가진 남자들의 특징이 있다. 주위 친구들이나 지인들에게 여자친구를 소개시키려고 하지 않는 것이다. 여자친구가 자기 수준에 못 미친다는 생각에 남들에게 보이기 싫은 것이고, 머지않은 이별에 대비하려는 심리가 바탕에 깔렸다고 볼 수 있다. 그들의 핑계는 대개 이렇다.

"친구들이 다들 바빠서 자리 한번 만들기가 참 힘드네."

"내 친구들 알고 지내봐야 좋을 놈 하나 없다."

또 공공장소에서는 여느 연인들처럼 손을 잡거나 하는 일이 없지만, 둘만 있는 공간에서는 노골적으로 스킨십을 시도한다. 길거리에서 팔짱을 하며 걷는 걸 싫어하고 사람 많은 곳을 피하는 남자. "나는 번잡한 곳 싫어해.", "사람 많은 거 싫어."라고 말하겠지만, 이것 역시 핑계에 불과하다.

한편으로는 여자친구를 단지 외로움을 달래는 수단으로 여기는 남자들도 있다. 20대, 30대 초반의 남자는 성욕이 한창 왕성할 때다. 이들에게 잠자리를 함께할 수 있는 여자는 떨쳐내기 어려운 게 사실이다.

하지만, 이 관계는 그에게 새로운 여자가 생기면 바로 끝난다. 그의 눈에 다른 여자가 들어오거나 호감을 가진 여자 쪽에서 남자에게 다가올 경우다.

남자의 사랑은 육체적인 관계가 뒷받침되어야 유지된다. 누군가와 사귀고 연애를 할 때에도 그의 속마음에는 육체적 관계가 전제되어 있다. 혼자서 온갖 상상을 다 한다. 사랑 없이도 섹스가 가능한 게 남자가 아니라, 사랑은 없더라도 섹스는 해야 하는 게 남자다.

요컨대, 본능을 충족시키지 못하는 한 자기 마음에 들고 안 들고는 사귐의 절대 조건이 아니다. 연애 감정이 생기든 어떻든 간에 일단 본능부터 해결해야 하니까 말이다.

처음 만났을 무렵에는 영화도 보고 드라이브도 하는 등 데이트를 즐기다가 어느새 대충 밥이나 먹고 그것만 생각하는 남자는 대개 이런 부류에 가깝다.

이처럼 몸만 탐하는 데이트를 하는 남자에게 '사랑이 식은 게 아닐까' 하는 고민은 사치에 가깝다. 그는 처음부터 사랑이 목적이 아니었고 사랑 따위는 없었다.

남자의 이중성에 눈을 뜨자

　나쁜 남자 연애 스타일과 여친에게 지극정성을 다하는 스타일의 남자는 따로 있는 게 아니다. 즉, 그 남자의 원래 스타일이 아니라 당신에게만 그렇게 보이는 것이다.
　내가 아는 남자 중에 유독 그런 성향이 강한 사람이 한 명 있다.
　그는 자기가 정말 간절하게 원해서 사귀는 여자에게는 머슴같이 행동하는 반면에, 그렇게까지 원한 건 아닌데 자기에게 호감을 보이며 다가온 여자에게는 보통의 나쁜 남자는 저리 가라 할 정도로 심하게 대했다. 한 여자에게는 아낌없는 정성을 주는 한편으로 다른 여자에게 그 이상의 희생을 강요한 것이다.
　여자에게 머슴처럼 행동하자니 아무리 좋아한다고 한들 그 스트레스가 얼마나 크겠는가? 있는 성질 없는 성질을 다 죽여 가며 여자에게 정성을 쏟지만 남친 대접을 제대로 받는 것도 아니다. 그는 여기에서 오는 스트레스를 자기에게 헌신하는 다른 여자를 대상으로 풀었다.
　당연히 여자의 불만은 커질 수밖에 없는데 그래도 그는 전혀 개의치 않았다. 그의 입장에서는 헤어지면 그뿐일 뿐 당장 헤어지더라도 잃을 게 없었던 것이다. 호스트 바에서, 남자들에게 받은 스트레스를 다른 남자에게 푸는 유흥업소 여성과 다를 바 없다고 보면 된다.
　한번은 이런 남자도 있었다.
　남자친구에게 다른 여자가 있는 것도 모르고 사귀면서 그 남자 생일에 50만 원 상당의 옷을 선물했다고 한다. 그런데 이 남자가 매장에 들러 선물로 받은 옷을 여자 옷으로 바꿔 갔다는 것이다.

여자는 당연히 자기에게 서프라이즈 이벤트를 할 거라 믿었는데, 나중에 알고 봤더니 남자는 다른 여자에게 그 옷을 선물했다. 결과적으로 자기 돈 들여 남자의 연애 뒷바라지를 한 셈이다.

이 경우, 남자 못지않게 여자도 참 한심하다. 여자들은 사랑에 빠지면 눈을 감아버리는 경향이 있다. 내 남자는 절대 그럴 리 없다고 끝없는 믿음을 주는 것인데, 어쩌면 상처받는 게 두려워 현실을 외면하려는 심리 때문인지도 모르겠다.

'사랑하면 알면서도 속아준다'라는 말의 허울은 참 좋다. 정말 천사 같은 마음씨를 지니고 있어서 내가 준 선물을 다른 여자에게 준 걸 당장은 이해한다고 해도 이런 사랑의 끝은 뻔하다. 언제든 됐든 남자는 결국 떠나고 그 상처는 온통 당신 몫으로 남는다.

백 명 중 하나 정도는 당신의 온갖 정성에 반해 떠나지 않을지도 모른다. 하지만 이 경우에도 그 남자의 마음을 온전히 얻었다고 착각하지는 말자. 자기를 떠받들어주고 몸이 편하니까 곁에 있을 뿐 그 남자의 바람기는 두고두고 당신을 괴롭힐 것임에 틀림없다.

내게 까칠하게 대하는 건 그 남자의 성격이 원래 그렇기 때문이 아니라, 애정이 부족한 게 첫 번째 이유다. 특히, 자기 성에 차는 여자를 유혹할 능력은 안 돼 노심초사하면서도 자기에게 호감을 가진 여자라면 일단 '어떻게 해봐야지' 하는 생각부터 품는 게 남자라는 동물의 속성이다. 그 이중성에 눈을 떠 호락호락 당하는 일은 없어야 되겠다.

늑대들이 득실거리는 세상에서 여자의 가장 큰 무기는 선택권이 여자에게 있다는 데 있다. 남자의 본심을 충분히 확인하기 전까지는 몸과 마음을 허락하지 않는 게 절대 유리하다. 아울러, 주위에서 다들 아니라고 하는 남자는 아닌 게 맞다. 가장 가까이에서 지켜보는, 오직 당신만이 그 남자를 제대로 간파하지 못하고 있을 뿐.

여자에게 다가갈 때
남자의 속마음

"내게 관심이 있는 것 같은데 연락처는 왜 안 물어보죠?"
"먼저 다가와서는 통 연락이 없어요."
 연애가 시작되기 직전, 남자들이 주위에 얼쩡거릴 때 여자들의 고민이다. 내게 호감이 있는 것도 같고 아닌 것도 같은데, 과연 남자들의 진짜 속마음은 무엇일까?

관심을 보이면서도 연락처를 물어보지 않는 남자

 교회나 회사에서 밝게 인사를 건네고 농담도 이따금 하는 걸 봐서는 내게 관심이 있는 것 같은데, 오로지 그뿐이다. 함께 밥을 먹자거나 하다못해 연락처를 물어보는 일도 없다.

실제 상담 사례를 통해 살펴보자.

"교회에서 친하게 지내는 오빠가 있어요. 그 오빠를 안 지도 어느덧 3개월째 접어들고 있고요. 이 오빠도 저도 아직 사귀는 사람은 없어요. 사이는 좋은 편이에요. 만나면 장난도 치고 농담도 주고받는데다가 이따금 제게 자판기 커피를 사주기도 해요. 그런데 왜 아직까지 제 연락처를 물어보지 않는 걸까요?"

여자는 남자에게 어느 정도 호감을 갖고 있지만, 남자 쪽에서 다가오지 않아 애가 타는 단계다. 이 상황은 두 가지 경우를 떠올릴 수 있다.

1. 당신을 그저 아는 동생, 즉 심심풀이 땅콩처럼 여기고 있다.
2. 당신도 알고 있는 교회 사람을 마음속에 담아두고 있다.

남자가 3개월씩이나 알고 지내면서 연락처를 물어보지 않거나 밖에서 만나자는 말이 없다면 그는 당신에게 전혀 마음이 없다. 사귀고 싶은 대상에서 아예 배제하고 있는 것이다. 그런데 한 가지 의문점이 남는다. 왜 이 남자는 당신과 농담을 주고받고 커피까지 뽑아주며 친절하게 대할까?

남자가 관심 없는 여자에게 다정하게 대해줄 때에는 딴 목적이 있는 경우가 대부분이다. 가장 개연성이 높은 경우는 같은 공간 내에 따로 마음을 둔 사람이 있고 그녀가 당신과도 아는 사이일 때다. 여자들의 입소문은 금세 퍼지므로 당신에게 잘해줄수록 그 남자에 대한 평은 좋아진다. 즉, 당신을 통해 좋은 점수를 따려는 의도인 것이다.

하지만, 당신과 너무 가까워지는 것도 문제다. 바람둥이로 오해받을 소지가 있기 때문이다. 나중에 그녀에게 다가갈 때 '다른 여자와 만나면서 내게 치근댄다'라는 느낌을 줄 수도 있으니까. 그렇기에 가까이 오려고도 멀어지려고도 하지 않을 가능성이 높다.

사귀는 사람이 있건 없건, 남자가 다가오지 않는 것은 상대가 마음에 들지 않다는 게 가장 큰 이유다. 하지만 웃긴 건, 여자 쪽에서 먼저 다가오는 경우에는 상대가 자신이 좋아하는 사람과 관계가 없고 딱히 만나는 사람도 없다면 웬만하면 받아준다는 것이다.

이후 그림은 딱 나온다. 둘의 관계는 남자에게 다른 여자가 나타날 때까지 (그는 계속 새로운 사람을 찾는다.) 유지될 것이고 그마저도 자기가 편한 대로의 연애를 고집할 것이다.

이때 남자의 사생활에 간섭하거나 애정이 식었느니 어떻게 그럴 수 있느니 하면 돌아오는 대답은 거의 뻔하다.

"우리 헤어져. 너랑은 잘 안 맞는 거 같아."

이 상황에서 남자에게 매달린다고 해서 그의 마음이 돌아설 가능성은 거의 없다. 스스로만 더욱 비참해질 뿐이다.

첫 만남 이후에 연락이 없는 남자

연락처를 주고받고 나서 첫 만남을 가졌는데, 이후 전혀 연락이 오지 않는 경우가 있다. 당연히 남자 마음에 들지 않아서일 텐데, 여자 경험이 많고 바람기가 있는 남자들은 따로 따져보는 게 있다.

여자를 많이 만나본 남자들은 다소 호감이 있는 상대라 하더라도 적극적으로 대시하지 않는 경우가 많다. 평소 연애에 대한 아쉬움이 크지 않은데다가, 특히 쉽게 넘어올 것 같지 않은 여자를 만났을 때가 그렇다. 사람은 최소 세 번은 만나봐야 안다, 라는 말을 그들은 믿지 않는다. 평생의 연분을 찾는 게 아니기 때문이다.

처음 만났다고 하더라도 이야기하는 와중에 그 사람의 연애, 사랑 마인드가 드러날 수 있다. 이때 여자가 '보호막'을 치고 있다면 남자들은 웬만큼 끌리지 않는 이상은 지레 포기한다.

"전 사랑 같은 거 안 믿어요."

"그래도 6개월 정도는 만나봐야 서로를 알 수 있지 않을까요?"

여자가 이 같은 반응을 보인다면, 남자는 손익을 따진다. 연애 초기에는 절대적으로 남자 쪽에서 거의 모든 비용을 대며 적극적으로 헌신하고 자기 성질도 죽여야 하는데, 그런 투자가 고민되는 것이다.

사실, 얼마간 연애 경험이 있는 사람들은 첫눈에 확 반하는 경우가 드물다. 사랑에 대한 환상이 적고 '연애가 서로에 대한 구속'이라는 점도 충분히 알고 있다. 더욱이, 남자들은 서로 조금씩 다가가는 아기자기한 연애의 즐거움을 잘 모른다. 어떻게 해서든 빨리 유혹해 내 사람으로 만드는 게 그들 남자의 지상 과제다.

만남을 갖기 전에 미리 전화나 문자 메시지로 친해지려는 사람이 있는데, 그만큼 진도를 빨리 나가려는 의도가 숨어 있다. 심지어 만나기도 전에 전화 상으로 진실게임을 해봤다는 남자도 내 주위에는 있다. 옛날 남자 이야기 등등을 통해 미리 속내를 파악하는 것이다. 은근슬쩍 이야기하며 친근하게 다가오지만, 사실 그 남자는 '청진기'를 대어보는 중이다. 그렇게 해서 한 번이면 되겠다, 아니면 며칠 정도 공을 들여야겠다, 라는 식으로 진단을 내린다.

여자들의 남자 취향은 전체적인 분위기, 스타일이 우선인 반면에 남자들의 여자 취향은 여자에 비하면 까다로운 편이다. 분위기, 얼굴 생김새, 몸매, 목소리, 눈매, 미소는 물론이고 귀여움, 도도함, 섹시함 등등 남자가 푹 빠지는 요인은 정말 제각각이다.

물론 어느 한 가지만 본다는 게 아니고 또 복합적인 측면이 있기는 해도 취향의 폭이 좁은 것만은 사실이다. 이 말이 무슨 뜻인고 하니, 내가 어떤 남자의 마음에 들 확률은 그리 높지 않다는 것이다. 아마도 열 명의 남자를 나란히 세워놓으면 그중 한두 명이 고작일 것이다.

따라서 제 짝을 찾으려면 일단 많은 남자를 만나는 게 절대 유리하다. 내가 좋아하는 사람이 나를 진심으로 좋아해주면 더할 나위 없겠지만, 나를 좋아해주는 사람 가운데서 내가 좋은 사람을 고르는 게 현명하다. 그런 때에 대비해서라도 남자의 진심을 가려낼 수 있는 안목은

필수다. 이 책에 나오는 갖은 유형의 나쁜 남자들에게 당하지 않으려면 말이다.

"관심 있는 척하면서 왜 적극적이지 않을까요?"
"왜 내게 가까이 다가오지 않을까요?"

사실, 이런 고민은 부질없는 측면이 있다. 오히려 진짜 고민이 필요한 시점은 남자가 내게 적극적으로 다가올 때다. 남자의 마음이 진실인지 아닌지를 가려야 하기 때문이다. 연애 격언에 '남자는 사계절을 만나봐야 한다'고 한 것도 바로 그 때문이다.

사기 치는 남자들의 전형적인 수법

남자를 보는 안목의 중요성을 일깨우고자, 여자에게 빌붙어서 살아가거나 여자의 사랑을 이용해 사기를 치는 남자들에 대해 소개하겠다. 나와는 거리가 먼 이야기라고 치부하지 말자. 그런 남자들은 아주 일상적으로 여자 등을 치고 다니므로, 당신과 만나지 말라는 법은 없다.

그들의 가장 전형적인 수법은 다음과 같다.

일단 여자에게 다가갈 때에는 돈을 쓴다. 일종의 투자 개념으로, 돈을 쓰면서 여자의 환심을 얻는 데 집중하는 것이다. 그리고 나서 여자가 자기에게 빠졌다는 확신이 들면 그때부터 연기는 시작된다.

일단, 일주일 정도 '요즘 좀 어렵다', '돈 때문에 미치겠다'는 식으로 밑밥을 깔아둔다. 이렇게 미리 뜸을 들인 다음에 아주 바쁜 태를 내면서 잠깐 만남을 가진다.

"이제 더 이상 널 만나기 어려울 것 같아. 하는 일이 너무 힘들고 경제적으로도 여유가 없어서……. 정말 미안해."

사랑하는 남자가 이런 식으로 말하는데, 여기에 대고 "그래, 알았어."라고 할 여자가 있을까? 대다수 여자들은 "어떤 일인데?", "돈은 얼마나 급한데?"라는 반응을 보인다. 그러면 남자는 이때를 기회로 장황한 설명을 이어 간다. 그들의 설명에는 몇 가지 공통점이 있다.

먼저, 자신의 실수로 일이 어렵다는 말은 절대로 하지 않는다. 그 대신 누구한테 사기를 당했다거나 경기 때문에 돈줄이 막혔다는 식으로 이야기한다. 제 능력은 있는데, 일시적인 위기에 빠졌다는 뉘앙스를 풍기는 것이다.

그리고 갚아야 하거나 급하게 융통해야 하는 금액은 여자의 벌이에 비례해 크게 부른 다음 적당히 챙기는 수법을 택한다.

예를 들어 여자의 연봉이 5천 정도 되는데 처음부터 2, 3백만 원을 말하면 어떻게 될까? 남자가 겨우 이 정도 금액도 못 구해서 여자에게 돈을 빌릴까, 하는 의심을 사게 된다. 그래서 일부러 처음에는 3~5천 정도를 부른 다음 여자의 반응을 살핀다. 이 여자가 해줄 수 있는지 어떤지를 보는 것인데, 당연히 여자는 어렵다는 표정을 짓는다.

남자는 이제 본색을 드러낸다.

"이번 주까지 급한 게 3백 정도 되는데 어떻게 안 되겠니?"

연봉 5천이면 최소한 직장생활 몇 년은 했을 테니까 이 정도 돈은 충분히 마련할 수 있다. 게다가 3천, 5천을 말하다가 몇 백 수준으로 떨어졌으니 상대적으로 부담이 덜한 것처럼 느껴진다. 3백만 원 정도로 남자와 더욱 끈끈하게 이어진다는 생각을 할 수도 있다. 여기에 여자들의 또 다른 착각이 있다.

겨우 시작이다. 3백만 원 한 번으로 끝나지 않는다. 한번 열린 지갑은 계속 열리게 되어 있는데다가 한 차례 더 작업을 해 믿음을 얻는 경우도 있다. '언제까지 갚을게'라는 말을 하고 빌린 돈을 그대로 갖고 있다가 기한보다 훨씬 일찍 갚는 것이다. 그런 다음 2주일 정도 지나서 더 큰 금액을 불러서 등쳐먹는 것이다. 왜 이렇게 잘 아는지 궁금하지 않은가? 실제로 그렇게 당한 여자를 보았고 그렇게 해서 한몫 챙겼다는 남자를 직접 보았기 때문이다.

꼭 이런 막돼먹은 남자들이 아니더라도, 남자와 돈 거래가 얽혀 있으면 사랑도 잃고 돈도 잃는 경우가 부지기수다.

돈 때문에 못 만날 것 같다고 하면 그냥 깨끗하게 잊으라. 돈을 빌려주는 쪽 해악이 훨씬 큰데다가, 돈으로 사랑을 유지할 수 있다는 믿음 자체가 어리석기 그지없다.

바람둥이 남자에 대한 여자들의 착각

바람둥이 생활이 한창일 때 나는 '여자들은 정말 모르는 걸까? 아니면 알면서도 당하는 걸까?'라는 생각을 하곤 했다. 그만큼 여자들은 쉽게 넘어왔는데, 바람둥이 남자에게 당하는 여자들을 보면 크게 착각하는 것들이 있다.

바람둥이는 언제나 처음처럼 사랑한다. 다른 여자와…

뛰어난 외모와 자신의 능력으로 남자를 곁에 붙들어둘 수 있다고 착각하는 여자들이 있다. 하지만, 바람둥이를 몰라도 한참 모른다. 제 아무리 잘났고 집에서 귀하게 자랐든 바람둥이에게는 그저 스쳐 지나가는 여자일 뿐이다. 제 분에 넘칠 정도로 뛰어난 여자를 만나도 새로운 '신상'이 눈에 띄면 그녀에게 옮겨가는 게 바람둥이들의 숙명이다.

바람둥이는 대개 '비주얼'이 보통 남자들보다 뛰어난 편이다. 물론 비주얼이 안 되는 나 같은 사람들은 유머와 재치 그리고 스타일, 돈으로 승부하는 경우도 있다. 요컨대, 여자들이 좋아할 만한 요소 한두 가지는 갖추고 있다고 보면 된다. 여기에 여자들이 빠져드는 것이다.

그런데, 바람둥이의 이런 부분이 유독 당신에게만 보이고 어필하는 것일까? 게다가 세상에는 온통 나보다 못한 여자들뿐일까?

당신에게 보이면 다른 여자들에게도 보이는 것이고, 당신의 마음이 넘어왔으면 다른 여자들도 넘어올 수 있다. 당신에게 보인 그 연애 스킬 그대로, 필요에 따라서는 그 이상을 다른 여자에게 구사하는 게 바람둥이다. 당신 눈에 멋진 남자는 다른 여자 눈에도 멋지게 비친다는 사실을 알아야 한다.

내게 사랑을 고백했다고 해서 '이젠 내 남자'라는 착각은 버려야 한다. 어느 무인도에서 둘만 사는 것도 아니고, 당신이 철석같이 믿는 그 남자의 약속도 모두 다 연기에 불과할 수 있다.

바람둥이들은 끊임없이 새로운 여자를 찾고 '껍데기'를 보고 반해 스스로 찾아드는 여자들 또한 부지기수다.

바람둥이 마음을 돌릴 수 있다고 착각하지 마라

어느 정도 만남을 지속하다 보면 여자들은 대부분 남자의 바람기를 직감적으로 느끼게 된다. 바람둥이들의 수법이 아무리 교묘해도 몇 여자를 동시에 관리한다는 게 여간 버거운 일이 아니기 때문이다.

그런데 내 마음이 바람둥이에게 푹 빠져 있는 상황이라면, 남자와의 관계를 끊어버리고 싶어도 마음처럼 쉽지 않다. 남자를 놓치고 싶지 않은 마음 외에 상처받는 게 두려울 수도 있다.

이때 여자들이 착각하는 게 있다. 남자의 마음을 돌릴 수 있다고 믿는 것이다. 나만 좋아하게 하고 나만 바라보고 살게끔 만들겠다는 것인데, 과연 그게 가능할까?

내게도 그렇게 말했던 여자가 있었다. 자기 자신이 나를 바꿀 수 있다, 라고. 나 역시 바람둥이 생활에 깊은 회의를 느끼던 시기였으므로 여자친구의 도움을 받아 노력하면 스스로 변할지도 모르겠다는 생각이 들기도 했다.

하지만 헛수고였다. 시간이 흐르면서 그녀와의 만남이 지겨워졌다. 딱히 사이가 나빴던 것도 아닌데 함께 있으면 숨이 막혀왔다. 결국 나는 그녀에게 이별을 말하고 다시 새로운 '신상'을 찾아 나섰다.

꽃밭에 가면 한눈에 들어오는 꽃이 띄게 마련이다. "아, 정말 예쁘네."라는 게 우리들의 일반적인 반응이다. 꽃을 바라보며 꽃 이름, 꽃말에 관심이 가고 향기를 맡아보기도 한다. 그런데 이 꽃이 당장에 시들지 않더라도 이 같은 관심이 얼마나 갈까? 꽃밭이니 꽃은 널리고 널렸다. 이내 다른 꽃이 눈에 들어오고 우리는 그 꽃으로 발걸음을 옮긴다. 이게 바람둥이다.

처음부터 이 여자, 저 여자로 옮겨 다니며 연애를 배운 사람은 절대로 제 버릇을 버리지 못한다.

"사랑해. 내겐 너밖에 없어."

바람둥이들이 사랑을 들먹이는 것은 이렇게 해야 당신의 마음이 흔들린다는 것을 알기 때문이다. 여자의 마음을 얻고 몸을 얻는 데에서 쾌감을 느낄 뿐 이미 넘어온 '마음'에는 더 이상 흥미를 느끼지 못한다.

"기다리면 언젠가는 되돌아올 거라 믿어요."

이렇게 생각하는 사람이 있다면 해주고 싶은 말이 있다.

"아무리 기다려도 그는 당신에게 돌아오지 않습니다. 다른 여자 찾아 가지."

그들은 여자를 어떻게 관리할까?

"이 남자는 바람둥이인가요?"

"이 남자가 절 가지고 장난치는 걸까요?"

이 같은 상담을 자주 받는 편인데, 아무리 치밀하게 바람을 피우든 바람둥이들도 사람인지라 허점은 남는다. 다만, 남자에게 푹 빠져 있으면 이런 허점들이 눈에 들어오지 않는다는 게 문제이기는 하다. 그렇다면 그들이 어떻게 여자를 관리하는지, 바람둥이들의 행동 유형에서 허점을 찾아보자.

연락을 자주 하지 않지만 만나서는 누구보다 잘하는 남자

　바람둥이 남자들의 가장 큰 특징 중 하나가 연락을 잘 하지 않는다는 점이다. 그리고 연락이 되었다고 해도 "지금 바쁘니까 나중에 통화해.", 혹은 "내가 나중에 전화할게."라는 말들을 많이 한다.
　바람둥이 남자라고 해서 아무 생각 없이 여자를 만나는 것은 절대로 아니다. 그들은 연애에 대해서만큼은 머리가 뛰어나고 또 여자를 유혹하는 데 특화된 사람들이다. 연락이 잘 되지 않으면 여자가 토라지고 의심할 것을 누구보다도 잘 안다. 그래서 만날 때마다 믿음을 주는 상황을 연출하곤 한다.
　바람둥이가 연락이 잘 되지 않는 것은 그만큼 다른 여자에게 올인하고 있기 때문이다. 한편으로, 바람둥이 남자가 문어발식으로 여자를 관리하는 경우는 드물다. 또 확실하게 넘어온 상대에게는 더 이상의 관심과 애정을 주지 않지만, 만나서는 그녀에게 최선을 다한다. 왜? 자기가 오늘 하루 이 여자를 선택했다는 것이다.

상황에 딱딱 맞아떨어지는 연애 멘트를 할 줄 안다

　몇 번씩이나 전화했는데도 연락이 되지 않다가 나중에 연락이 되면 여자들이 화가 나 있을 것은 뻔하다. 그런데 바람둥이들은 이런 상황을 무난하게 넘기는 데 능하다.

"뭐했는데 이렇게 전화를 안 받아?"

"나도 너한테 전화하고 싶어서 죽는 줄 알았어."

이런 식으로 선수를 치고 들어오는 게 일반적이다. 이 말을 함으로써 피치 못할 사정이 있었음을 은연중에 강조해 여자의 마음을 누그러뜨린다. 그리고 여자가 "무슨 일인데?"라고 물어보면 직장 상사나 친구 핑계를 대며 그들을 나쁜 쪽으로 몰아간다.

한 가지만 더 소개하자. 만나자는 말에 몇 번씩이나 미루고 거절하다가 드디어 여자가 폭발한 상황이다.

"오빠는 나를 보고 싶어 하기는 해!"

"너 안 보고 싶었으면 전화도 안 했어."

이런 식으로 여자의 말문을 가로막아 상황을 모면한다. 바람둥이들은 여자들이 언제, 어떻게 불만을 터뜨리고 또 여기에 어떤 식으로 대응해야 하는지를 잘 알고 있다. 여자를 상대한 경험이 많아서 '이렇게 말하니까 여자가 아무 말 못하더라'는 것을 경험적으로 알고 있다.

자주 연락하지만 차츰 성의가 없어지는 남자

전화 통화나 문자 메시지도 자주 하고 만남 또한 자주 갖는 편이지만, 차츰 여자에 대한 성의가 부족해지는 사람들이 있다.

여자와 데이트 하는 도중에 갑자기 아는 형님에게 연락이 왔다, 회사에서 연락이 왔다 등등 이런저런 핑계를 대는 일이 잦다면 의심을 해도 좋다. 다른 여자에게서 연락이 왔을 가능성이 높다. 이때, 만약 당신이 그에게 푹 빠져있는 상태라면 당연히 남자는 그 여자에게 간다. 당신은 꼭 지금이 아니더라도 만나자고 하면 언제든 만날 수 있으니까.

 한때는 나를 잘 챙겨주고 죽는 시늉까지 했지만, 차츰 성의가 없어지는 남자. 판에 박힌 데이트만 하려고 하고 게다가 주말에 약속을 잡기가 어렵다면 상황은 아래와 같이 바뀌어 있을 것이다.

1. 만남을 빌미로 당신에게 요구하는 게 많아진다.
2. 연락 횟수나 만남의 빈도가 줄었다.
3. 성의 없는 말, 성의 없는 행동을 많이 한다.

 남자의 바람기가 확실하게 드러났다면 더 이상 미련을 가져서는 안 된다. 여자들은 참 이해하기 어려운 게, 남자의 말을 너무나 쉽게 믿는다. 일례로 "예전에 다른 여자들을 많이 만나고 많이 울리기도 했지만 이젠 안 그럴게. 너를 만났으니까."라고 말하면 이 말을 아무 의심 없이 믿는다. 자기도 똑같이 당할 거란 생각은 꿈에도 하지 않는다. 그 대신 이 남자를 바꿀 수 있다거나 이 남자가 내게는 그렇게 하지 않겠지, 라고 착각한다.

 가장 근본적인 문제는 남자를 좋아하기 때문이다. 그에게 온통 마음이 가 있으니까 이해하려고 하고 보듬어주려고 한다. 따라서 이런 상황을 방지하기 위해서라도 좋아하는 마음이 일기 전에, 처음 그가 다가올 때부터 남자를 제대로 볼 수 있어야 한다.

'바람둥이 남자들은 여자를 얻으면 얼음장처럼 변한다.'

이 말을 꼭 기억하자. 바람둥이에게 마음을 주고 연인 사이가 된 여자는 차츰 남자에게 간섭할 수밖에 없다.

"왜 연락이 안 돼?", "우리는 언제 만나?", "만날 술 마시고 다닐래?" 같은 구속은 연인 사이라면 당연한 것이지만, 바람둥이는 이것을 못 견뎌 한다. 이때쯤이면 바람둥이들은 생각한다. 이제 이 여자를 버려야 할 때가 됐구나, 라고 말이다.

조금만 더 유심히 바라보고 조금만 더 생각하면 바람둥이 남자들의 수법은 거의 다 눈에 들어온다. 그리고 남자친구가 바람둥이인지 아닌지가 궁금하다면 직접 판단하지 말고 주위의 친구나 언니, 오빠들에게 조언을 구하자. 당신은 이미 그에게 푹 빠져 있기 때문에 아무리 나쁜 행동에 대해서도 그 남자를 이해하려고 하고 긍정적으로만 해석한다. 당신은 이미 분별력을 잃은 상태다.

여자들이 조심해야 할 남자의 프러포즈

사랑하는 사람에게 받는 사랑 고백만큼 짜릿한 경험이 또 있을까?
그런데 여자들이 조심해야 할 남자의 사랑 고백도 있다는 사실을 알아야 한다. 마음의 상처로 남는 것은 약과요, 잘못 걸리게 되면 재산이 됐든 뭐가 됐든 모든 걸 다 날릴 수도 있다.
먼저, 아무런 고백 없이 스킨십으로 사랑을 확인하려 드는 남자를 조심하라. 술기운 때문이든 분위기 때문이든 한번 선을 넘어오면 매번 요구하는 게 남자들의 습성이다.
만약 어쩌다가 실수로 스킨십 수위가 지나쳤다면 그냥 쿨하게 잊어버리고 다음번부터 조심하면 된다. 이후 남자가 재차 스킨십을 시도할 경우에는 단호하게 거절해야 한다. 즉, 정식으로 사귀기로 하지 않은 이상 남자의 스킨십을 어물쩍 허락하는 것은 결국 내 가치를 떨어뜨리는 결과를 가져올 뿐이다.

그리고 성관계를 한번 가졌다고 해서 자기 남자 취급하며 "자기야~" 하는 행동은 한심하다 못해 어수룩하게까지 느껴진다. 정식으로 프러포즈를 했어도 그 마음이 진심인지 어떤지 모를 판에 남자를 좋아한다고 몸까지 내맡겨서는 답이 없다.

남자들이 원나잇 스탠딩에 대한 환상을 가지는 건 왜겠는가? 술에 취한 상태에서의 성관계가 힘든 줄 알면서도 굳이 마다하지 않는 것은 그것이 여자의 마지막 자존심이라고 여기기 때문이다. 남자에게는 사랑도 뭣도 아닌, 욕구 충족이자 여자를 허물어뜨려 내 것으로 만들었다는 자기만족에 불과하다.

굳이 남자와의 하룻밤을 즐기겠다는 의도라면 할 말이 없겠지만, 적어도 육체적 관계를 가졌다고 해서 그게 무기가 된다거나 남자의 마음을 얻었다는 이해는 위험하다.

"내가 책임질게. 이젠 너만을 사랑할게."

이런 달콤한 말이 얼마나 갈 것 같은가? 당신이라서 그런 말을 하는 게 아니라, 당장의 여건에 당신이 들어와 있기 때문에 그렇게 말한 것에 지나지 않는다. 내일 혹은 일주일 뒤면 다른 여자에게 똑같이 말하고 행동할지도 모를 일이다.

충분한 시간을 두고 남자의 진심을 확인하는 게 먼저다. 남자는 기다리는 데 유독 약한 동물이다. 사랑을 가장하는 것들은 시간이 흐를수록 하나둘 제풀에 지쳐 떨어져 나간다.

그리고 남자 분들에게 '술에 취한 여친을 대하는 요령'에 대해 하나만 언급하자. 술에 너무 취해 어쩔 수 없이 모텔에 가게 되었다면, 게다가 정말 좋아하는 여자친구라면 '오늘 100%다'라는 식으로 생각하지 말고 그녀의 마음을 확실하게 얻는 기회로 삼아라.

그녀를 침대에 눕히고 남자는 바닥에 베개만 놓고 자는 것이다. 아침에 잠에서 깼을 때 여자는 궁금해할 것이다.

"차가울 텐데 바닥에서 잤어? 그냥 침대에 올라와서 자지."

"옆에 누워있으면 자꾸 만지고 싶어서 안 돼."

이런 식으로 말하는 것이다. 다른 말은 필요 없다. 그녀를 아끼고 지켜준다는 인식을 강하게 남기는 것이다.

대중성을 이용해 고백하는 남자를 조심하자

〈파리의 연인〉이라는 드라마에서 박신양이 피아노를 치며 김정은에게 고백을 하는 장면을 기억하는가?

이처럼 레스토랑이나 길거리, 뮤지컬 공연장 혹은 공공장소에서 사랑을 고백하는 사람들이 있다. 드라마나 영화 같은 프러포즈를 통해 여자의 환심을 얻고자 이 같은 이벤트를 기획한다. 다른 여자들에게는 부럽고 멋진 모습으로 비쳐질 것이고 남자들의 시샘을 불러일으키기도 한다. 그만큼 대중성을 이용한 프러포즈는 로맨틱하게 다가온다.

하지만, 이런 이벤트에 능숙한 사람들이 있으니 잘 판단해야 한다. 그들에게는 거의 월별 행사다. 나만 하더라도 색소폰이나 기타 연주는 수준급에 살사 댄스도 3년이나 배웠다. 여자를 아는 재즈 바에 데려가 프러포즈하면 10명 중에 6명은 그 자리에서 넘어온다. 그리고 길거리에서 하는 프러포즈. 나 또한 명동 한복판에서 무릎 꿇은 적이 몇 번 있다. 왜 이처럼 번거로운 방법으로 프러포즈하는 걸까? 그래야 이 여자를 한시라도 빨리 잡을 수 있기 때문이다.

특히 자신이 바람둥이, 나쁜 남자처럼 보여 충분한 믿음을 주지 못하고 있는 경우에 더욱 효과를 볼 수 있다. 수많은 사람들 앞에서 "이 여자를 사랑합니다."라고 고백하는데, 이를 무덤덤하게 받아들일 여자는 없다. 이 남자가 부끄러움을 다 떨쳐내고 내게 고백을 하는 것이다. 주위 사람들도 다들 부러워하며 분위기를 띄워준다. 상황이 이러한데, 여자가 안 믿을 수 있겠는가?

남자의 바람기를 잘 살펴 대중성을 이용한 프러포즈에는 적절하게 대처할 필요가 있다. 행여 남자가 무안해할 수도 있으니 당장에는 받아주더라도 나중에 솔직한 심정을 말해주는 것도 하나의 방법이다.

"마음은 고맙지만 천천히 생각해볼게요."

당신을 진정으로 원하는 남자라면 시간을 두고 천천히 자신의 진심을 전하려 노력할 것이고, 유혹이 목적의 전부인 남자라면 이 말을 듣는 순간 김이 팍 샐 것이다.

남자들에게도 한마디! 가급적 대중성을 이용한 프러포즈는 결혼할 때를 위해 남겨두자.

한 달도 안 돼서 고백하는 남자는
한번쯤 거절하라

앞에서도 말했듯이 남자의 사랑은 양은냄비와 같다고 했다. 아마 개중의 절반은 진정한 사랑을 가장하고 있을 것이고, 또 나머지 중 일부는 '자신의 사랑이 진정한 사랑'인 줄 본인도 착각할지 모른다.

여하튼, 남자의 마음은 쉽게 불타오르고 순간의 감정에 충실하다. 당신이 마음에 들면 아직 손도 못 잡아본 상태에서 당신과 사귀는 모습을 상상하기도 한다.

그게 사랑이든 아니든, 순간적인 감정에 의해 당신에게 고백을 해올 수 있다. 이때 바로 '예스' 사인을 주는 것은 바람직하지 못하다. 남자 스스로의 감정을 확인할 수 있는 시간을 주는 게 좋고, 흑심을 품고 접근하는 사람들을 걸러내기 위해서라도 즉답은 금물이다.

여자가 정말 마음에 드는 경우, 남자는 절대 포기하지 않는다. 한 번쯤 차이더라도 재차 시도를 하게 마련이다. 반면에 고백을 한 번 거절당했다고 해서 바로 연락을 끊거나 '바이바이'를 외치는 남자라면, 순간적인 호기심이나 충동에서 다가온 것에 불과하다.

한번쯤의 '튕김'은 여자의 권리이기도 하다. 따라서 남자들도 첫 고백이 거절당했다고 해서 지나치게 비관적으로 생각할 필요는 없다. 특히 차였다는 슬픔에 일주일, 열흘씩 잠수를 탔다가 여자에게 다시 연락하는 건 오히려 점수만 깎일 뿐이다.

쿨하게 인정한 다음 더 노력하고 더 잘할 것이라는, 그리고 기다리겠다는 뜻을 전하는 게 훨씬 낫다.

'내가 너를 얼마나 사랑하는데'라며 울먹일 필요도 없다. 어차피 진심은 당장 눈에 보이는 게 아닐 뿐더러, 그녀의 근처에 머물다 보면 언제가 됐든 기회는 다시 온다.

여자를 진심으로 좋아할 때 나타나는 남자의 행동

연애 블로그에서 이제껏 여자 분들에게 가장 많이 받은 질문은 "남자가 여자를 좋아하는 건 어떻게 알 수 있죠?"라는 것이었다.

여자 쪽에서 먼저 다가가기가 여의치 않으니 남자의 속마음이 궁금할 것이고, 또 내게 다가오는 남자의 마음이 진심인지 어떤지도 사실 여자들의 큰 고민거리다.

일반적으로, 남자들이 여자에게 마음이 있는 경우는 거의 겉으로 드러나게 마련이다. 당사자가 아니더라도 주위에서 보면 여하튼 표가 난다. 남자들은 단순해서 속마음을 숨기는 데 서투르기 때문이다. 또 남자 본인이 여기저기에 소문을 내는 경우도 있다.

그렇게 해서 둘이 사귀기로 했는데, 여자 입장에서는 여전히 불안이

가시지 않는다. 사귀기 전에 비해 남자의 행동이 변한 것 같은 느낌이 들기 때문이다.

사귀기로 한 이후에 남자가 예전처럼 잘해주지 않는 건 거의 모든 남자들의 공통된 특징이다. 마음을 얻기까지는 온갖 정성을 들이다가도 막상 사귀기로 한 다음부터는 '이제는 내 여자'라는 심리가 생기기 때문이다. 게다가 승부욕이 사라지는 측면도 있다. 물론 이 남자들의 상당수는 거짓 사랑으로 마음을 얻었을 가능성도 있다.

일단, 여자들의 가장 일반적인 고민부터 들어보자.

"남자가 먼저 고백해서 사귀게 되었습니다. 이제 일주일째입니다. 그런데, 이 남자가 정말 저를 좋아해서 사귀는 것인지 아니면 그냥 만남을 위한 만남을 이어가는 것인지 잘 모르겠습니다. 이 남자의 진심을 알 수 있는 방법이 있을까요?"

대개 여자의 근심은 이 언저리인데, 남자들의 속성 상 진심인 경우와 마지못해 사귀는 경우는 뚜렷한 차이를 보인다.

사소한 부탁을 잘 들어주고 기다릴 때에도 불평이 없다

별일 아닌 것 같지만, 남자 입장에서는 진심으로 좋아하지 않으면 상당한 고역에 해당하는 게 약속시간 기다리기다. 남자들에게 멀뚱멀뚱 죽치고 앉아 시간 기다리는 일은 결코 쉽지 않다.

"5시에 나한테 전화 좀 해줘."

"나 한 시간 정도 늦을 것 같은데 괜찮아?"

남자친구에게 이런 부탁을 한 다음 반응을 살펴보자. 약속시간 늦추기는 만나기 10분 전쯤에 문자를 보내면 된다. 금전적인 부탁이 아니라, 약간의 노력만으로 충분히 해결할 수 있는 부탁이라면 다른 것을 주문해도 좋다.

이때, 자신이 아끼고 사랑하는 사람이라면 이 정도 부탁은 기꺼이 들어준다. 여자친구에게 굳이 이유를 묻지 않아도 기다리는 시간이 고역일 일은 없다. 그에게는 여자친구와의 만남이 기대되고 그녀를 상상하는 것만으로도 즐거운 시간이다. 전화해 달라는 부탁도 마찬가지다. 수시로 시계를 쳐다보며 어떻게든 그 시간에 꼭 맞춰 전화해주려고 노력한다. 사소한 부탁이지만, 기본적으로 이런 것들은 애정이 없으면 다소 힘든 게 사실이다.

반면에 애정이 옅은 남자친구라면 어떤 반응을 보일까?

시간을 알려 달라는 부탁은 까먹기 일쑤일 것이고 약속시간에 한 시간이나 늦으면 생난리가 난다.

"늦을 거 같으면 좀 더 일찍 전화를 하든가!"

"됐어! 나 지금 나갈 테니까 너도 오지 마!"

마찬가지로, 특별한 사정이 있는 것도 아닌데, 약속시간에 30분, 한 시간씩 늦게 오는 남자도 잘 판단하는 게 좋다. 그만큼 당신을 생각하고 있지 않다는 증거이니까.

시간약속을 잘 지키는 남자, 그리고 당신을 위한 시간을 최우선적으로 챙겨주는 남자를 만나라.

다툼이 있을 때 여자 쪽 의견에 맞추려고 노력한다

연인 사이에 말싸움은 흔하디흔하다. 이처럼 사소한 의견 다툼이 있을 때 당신에게 먼저 사과하거나, 화해하고자 먼저 말을 건네는 남자, 당신 말이 옳고 그름을 떠나서 무조건 맞춰주려고 하는 남자가 있다면 그는 안심해도 좋다.

사랑은 50대 50으로 나눌 수 없다는 말이 있다. 네가 이만큼 해주면 나도 이만큼 해준다, 는 식으로 되지 않는다. 진심으로 당신을 좋아하는 사람이라면 자기가 지더라도 말싸움 자체를 피하려는 경향이 있다. 왜? 서로 토라져서 며칠씩 못 보게 되면 자기가 더 손해니까. 여자친구의 목소리가 듣고 싶고 얼굴이 보고 싶어서라도 먼저 사과하게 된다.

사귀기 직전이나 연애 초반 때에 여자 분들은 아마도 이런 모습을 많이 보았을 것이다. 이때가 정말, 남자가 여자를 좋아하는 때이다. 싸우고 나서 몇 시간도 지나지 않아 미안하다는 문자가 오고, 여자친구의 화를 풀고자 갖은 애교를 떨기도 했을 것이다.

그랬던 남자가, 이제는 하루, 이틀이 지나도 전화 한 통 없다면 그만큼 애정이 식은 것에 다름 아니다. 남자는 자기 쪽이 더 아쉽고 애절한 만큼 반드시 여자에게 매달리게 되어 있다.

숨기는 게 없는 남자

남자들의 핸드폰 전화번호 목록에는 대개 여자 번호 몇 개쯤은 있고 이따금 여자에게 전화가 걸려오는 경우도 있다. 이때 당신 앞에서 전화를 받지 않고, "잠깐만." 하면서 자리를 피하는 남자를 믿지 마라. 시끄러운 곳이 아니라면 그 자리에서 전화를 못 받을 이유가 없다. 간혹 발신자를 보여주며 "우리 회사 과장님이야."라고 하는 경우도 있을 텐데, 이것조차 믿지 마라. 바람을 피우는 사람들에게 전화번호 이름을 남자 이름, 부모님 등으로 저장해놓는 것은 상식에 속한다.

그리고 보낸 메시지, 수신 메시지 박스가 깨끗한 남자들도 요주의 대상이다. 어딘가 찔리는 구석이 있다는 증거다. 그 밖에 통화목록을 깨끗하게 지우는 남자, 비밀번호를 설정해 놓는 남자들도 마찬가지다. 정말 당신밖에 없다면 숨길 이유가 없다. 그만큼 스스로 떳떳하지 못하기에 숨기는 것이다.

남자가 사랑에 빠지면 하루 종일 여자친구 생각밖에 나지 않는다.

남녀 사이에 생기는 트러블의 대부분은 '서로 사랑하지 않는' 데에 원인이 있다. 그리고 문제의 근원을 좀 더 거슬러 올라가면, 자기를 진심으로 사랑해주지도 않는 남자에게 마음을 허락해버린 여자에게도 책임이 있다. 다시 한 번 말하지만, 사랑하지 않으면서 "사랑해."라고 말할 수 있는 게 바로 남자다. 그 남자의 거짓말에 더 이상 속지 말자.

바람둥이 남자를 어떻게 구별할까?

예전에 바람둥이 생활을 할 때는 연말연시가 가장 싫었다.

크리스마스에 누구를 만나야 할지 고민이 되었고 12월 31일에도 한 명과 함께 있어야 하니 다른 여자들의 원성을 수습하는 데 꽤나 골치가 아팠기 때문이다.

이 사실을 그녀들이 알았다면 얼마나 분했을까? 남자친구와 함께 연말을 오붓하게 보낼 생각에 부풀어 있는데, 정작 남자친구는 이 여자, 저 여자 혹은 새로운 여자를 찾을까 궁리만 하고 있었으니 말이다.

지금 이런 사실을 공공연하게 말하는 것은 지난 세월의 반성과 함께 바람둥이 남자들에게 속아 상처받지 않았으면 하는 바람에서다. 나도 한때 그랬지만 바람둥이들의 달콤한 말은 여자와 잠깐 즐기기 위한 미사여구에 지나지 않는다. 그걸 사랑이라고 믿고 있으니, 속이는 놈이나 속는 여자나 갑갑하기는 마찬가지다.

그렇다면 바람둥이 남자와 진심으로 나를 좋아해주는 남자를 구별하는 방법이 있을까?

상대가 바람둥이인지 아닌지 헷갈리니까 나중에 당하고 나서 '네가 어떻게 그럴 수 있어!'라며 그 사단이 나는 것이니 말이다. 많은 여성들이 여기에 대해 궁금해하며 내게 물어 온다. 하지만, 그 구분이란 게 쉽지 않다. 인터넷 서핑을 해보면 '이런저런 남자는 바람둥이'란 글들이 눈에 띄기는 하지만 그대로 들어맞지는 않는다.

오로지 느낄 수 있어야 한다. 남자가 여자에게 다가갈 때는 진심이 아닌 머리로 연애하는 요령이 필요하지만, 반대로 여자 쪽에서는 진심이 아닌 거짓 사랑을 구분할 수 있어야 한다.

내게 수많은 여자들이 넘어온 것만 봐도 바람둥이를 딱 부러지게 구별하는 현실적인 방법은 없다. 그럼에도 그들에게는 몇몇 특징들이 있기는 하다. 이걸 중심으로 바람둥이들의 면면을 살펴보자.

얼굴 잘생긴 사람만 바람피우는 게 아니다

'그 얼굴에 어디 가서 바람이나 피우겠어'라는 생각은 큰 착각이다. 무엇보다, 내가 그 증거다. 잘생기면 여자들의 호감을 얻는 데 훨씬 유리한 건 사실이다. 그래서 잘생긴 남자는 '얼굴값 한다'는 말이 나오는 것이다. 하지만, 못생긴 남자, 혹은 연애 경험이 거의 없는 남자도 여건만 되면 알게 모르게 바람을 피우려고 하는 게 현실이다.

남자에 비해 여자들은 남자 얼굴을 그렇게 따지지 않는다. 남자는 일단 외모가 제 눈에 들어와야 그 다음에 성격을 보고, 능력, 처신 등등을 본다. 하지만 여자는 다르다. 미녀와 야수 커플이 미남과 추녀 커플보다 훨씬 많은 이유도 그 때문이다.

개중에는 얼굴 잘생긴 남자를 기피하는 여자들도 많다. 예전에 얼굴만 보고 빠져들었다가 크게 상처받은 경험이 있었는지도 모르겠는데, 여하튼 자기 스스로 일정한 선을 그어놓고 남자를 만나는 것이다.

그런데 여기에도 함정이 있다. 일단 못생긴 남자들은 그 때문에라도 연애 초창기는 최선을 다한다. 남자가 끊임없이 노력해 그야말로 여자에게 올인하는 게 미녀와 야수 커플의 일반적인 특징이다. 그리고 마침내 남자의 정성과 노력에 감동한 여자는 마음을 받아주는데, 문제는 이때부터다. 그의 바람이 시작되는 것이다.

여자의 마음을 얻기 위해 그토록 헌신했던 남자가 왜 바람을 피울까? 답은 의외로 간단하다. 못생겨도 남자의 본능은 어쩔 수 없기 때문이다. 그리고 또 한 가지 알아야 할 게 있다.

남자는 여자를 얻고 나면 그때부터 여자의 '단점'이 보이고, 여자는 남자를 얻고 나면 그때부터 남자의 '장점'이 보인다. 남자는 외모 중심으로 여자를 고르기 때문에 처음에는 눈에 들어오지 않았던 단점들이 차츰 눈에 띄는 것이고 여자는 그 반대인 것이다.

남자의 바람기는 얼굴이 문제가 아니라, 마음속에 있는 본능이 훨씬 큰 요인이다. 이 바람기를 여자의 외모로 잡아둘 수 있다고 생각하면 오산이다. 게다가 나이를 먹을수록 여자의 외모 경쟁력은 떨어질 수밖에 없다.

그렇다면 방법은? 여자의 진심에 답이 있다. 예쁘기만 한 여자를 배신하기는 쉬워도 자기에게 잘해주고 정성을 다하는 여자에게 아픔을 주는 일은 어쩔 수 없이 자책감을 느끼게 되기 때문이다. 웬만큼 바람기를 타고나지 않은 이상 외도는 어렵다.

순진한 척 연기하는 바람둥이도 있다

데이트에서 여자를 능수능란하게 이끌고 매너도 거의 완벽한 남자들에게 의심의 눈초리를 보내는 여자들이 있는데, 이런 식으로 바람둥이를 구분하는 것은 무모하다. 그만큼 바람둥이들의 연애 테크닉도 진화에 진화를 거듭해왔기 때문이다.

나 역시 바람둥이가 아닐까라는 의심을 받은 적은 많아도 그 때문에 여자를 놓친 경험은 거의 없다. 나름대로 위기를 넘기는 노하우가 풍부하기 때문이다. 일례로 다음과 같은 상황이다.

"오빠, 선수지?"

"몰랐었어? 나 너를 위해 매일 공부하잖아."

이처럼 말도 안 되는 말을 던지곤 한다. 그런데 좀 더 고단수인 바람둥이들은 상대 여자의 성향을 파악해 일부러 순진한 척하며 다가가는 경우도 있다. 연애 경험이 많거나 얼굴이 예쁜 여자들을 상대할 때에는 순진한 콘셉트가 더욱더 어필하기 때문이다. 여자와 길거리를 걸으면서도 일부러 발을 맞추지 않고 손이라도 한번 잡으면 떨리는 듯 연기하며 아래와 같이 말하곤 한다.

"여자 손 3년 만에 잡아 봐요."

그리고 이런 말도 한다.

"난 원래 연애를 잘 못해. 그러니까 네가 많이 알려줘."

일부러 어수룩하게 행동하고 여자를 잘 모르는 척 연기함으로써 오직 당신만 바라볼 것이라는 뉘앙스를 풍긴다. 결국 여자는 이 남자의 순수하고 순진함에 마음을 빼앗기게 된다.

그리고 나서 여자가 '이 남자야말로 정말 내 사랑'이라고 생각할 때 뒤통수를 친다.

바람둥이 남자라면 꼭 가지고 있는 3가지 생각

한때는 이 여자, 저 여자 가리지 않고 참 많이도 만나고 다녔다. 그게 연애를 잘하는 것인 줄 알았고 남들도 부러워할 거라 여겼다. 그러다가 나이가 들면서 바람둥이 생활이 꼭 좋은 건 아니라는 사실을 깨닫고 개과천선해, 이제는 절대로 거짓으로 사랑을 말하지 않겠다고 나 스스로 맹세했다.

말은 쉽지만 바람둥이 습성은 중독성이 강해 쉽게 고쳐지지 않는다. 하물며 다른 누군가가 고쳐줄 수 있는 문제도 아니다. 왜 그럴까? 그들의 내면을 들여다보자.

지금 만나는 여자보다 더 괜찮은 여자가 있다는 생각을 늘 한다

지금 만나고 있는 여자도 남들이 보기에는 정말 부러워할 정도고 분에 넘치는데, 바람둥이는 왜 끊임없이 여자친구를 바꾸는 걸까?

사람의 욕심은 끝이 없다고들 하는데, 연애도 마찬가지인 듯하다. 돈을 벌어도 벌어도 욕심이 끊이지 않듯이 바람둥이들은 항상 지금보다 더 괜찮은 여자를 만날 수 있다고 자만한다. 실제로 밖에 나가면 현재 애인보다 더 예쁘고 더 괜찮아 보이는 여자들이 수두룩해 보인다.

남자는 시각적인 유혹에 약하다. 일단 제 시야에 들어오고 제 눈에 예뻐 보이면 이성적인 판단은 별 도움이 되지 않는다. 앞뒤 상황을 가리지 않는다. 여자친구가 있든 없든 결혼을 했건 말건 당장의 과제는 눈앞에 있는 이 여자에게 잘 보이는 것이다. 그래서 여자친구 없다, 결혼 안 했다는 거짓말이 스스럼없이 나온다.

이건 여자가 현재 애인이 있거나 결혼을 했더라도 마찬가지다. 당신에게 애인이 있건 없건, 설령 결혼을 했다고 하더라도 남자들은 마음에 드는 여자에게 접근할 기회를 찾는다.

만난 지 불과 몇 분이라 하더라도 상관하지 않는다. 좋아하는 마음은 한순간에라도 가능하고 일단 마음에 들면 다짜고짜 어떻게 해볼 생각부터 하는 게 남자이니까. 하물며 어떤 여자라도 유혹할 수 있다고 믿는 바람둥이는 오죽하겠는가.

바람둥이 남자들은 현재의 여자친구에 만족할 줄을 모른다. 지금 만나는 여자가 아무리 예쁜 여자라 하더라도 김태희보다 예쁘지는 않을 것이고, 아무리 능력이 있어도 재벌 집 딸보다 조건이 좋을 리는 없지 않을까. 바람둥이들은 그런 여자를 언젠가는 만날 수 있다고, 유혹할 수 있다고 상상한다.

작업이 여의치 않아도 자기를 사랑해줄 여자가 항상 있다

바람둥이들은 여자 없이는 못 산다. 그래서 새로운 여자가 눈에 띄어 작업에 들어가더라도 항상 안전장치, 혹은 보험이라고 할 만한 여자를 만들어둔다. 즉, 확실하게 자기 쪽만 바라보는 해바라기 여자가 있는 상태에서 새로운 먹잇감을 찾는다. 만약 어떤 여자에게 접근하는데 마음처럼 되지 않아 아쉬움이 남고 자존심이 상할 때에는 자기만 바라보는 여자에게 가서 위안을 얻는다.

바람둥이 남자들이 여자 앞에서 여유를 보이고 자신감 있게 행동할 수 있는 것도 모두 이 때문이다. 굳이 새로운 여자에게 집착하지 않아도 언제든 나만 바라보는 여자가 있으니까.

여자 많다는 걸 자랑으로 삼고 인생을 즐기는 것으로 착각한다

솔직히 나 역시 주위에 여자가 많을 때에는 친구들이나 지인들의 부러운 시선을 즐겼다.

"한 명 소개해줄까?"

이처럼 여자 많다는 것을 자랑 삼아 입버릇처럼 말했고 그들에게 여자를 유혹하는 비결을 알려주면서 뿌듯해했다.

바람둥이들은 이 여자, 저 여자 만나는 것에 대해 전혀 죄책감이 없다. 여자가 내게 넘어오는 그 과정을 즐긴다. 이로 인해 여자들이 얼마나 마음 아파하고 눈물을 흘리는지에 대해서도 관심이 없다. 아니, 자기 때문에 힘들어하는 여자를 보며 쾌락을 느끼는지도 모르겠다. 매달리는 여자를 나는 이렇게 했니, 저렇게 했니 하면서 자랑스럽게 떠벌리니 바람둥이들도 적지 않다.

뭔가의 계기가 있어 자기 스스로 뼈저리게 반성하지 않는 이상 바람둥이 기질은 절대 안 고쳐진다. 남이야 피눈물을 흘리든 말든 당장의 생활이 즐겁고 세상의 여자를 다 가진 듯한 착각 속에 빠져 사는데 쉽게 포기할 것 같은가? 절대 포기하지 않는다.

나는 바람둥이 남자였다.

그것도 아주 지독하게, 정말 많은 여자들에게 상처를 주었고 눈물을 흘리게 했다. 개중에는 내 앞에서 죽는 시늉을 하는 여자도 있었고 협박을 하는 여자도 있었다. 그럼에도 불구하고 나는 그녀들에게 돌아가지 않았다. 안 돌아간다. 어느 누구도 사랑하지 않았으니까.

세상에는 나쁜 남자들이 참 많다. 나도 그중 한 명이었으니 누구를 비난할 처지는 못 되지만, 동네의 발정 난 강아지처럼 여자를 탐하고 이용하는 남자들의 마음과 수법들을 잘 알고 있다. 내가 그들보다 더 심하면 심했지 덜하지는 않았다. 그 같은 경험을 밝혀 연애에 조금이나마 도움을 주자는 게 연애 블로그 운영과 책을 내는 목적 중 하나다.

바람둥이 남자들에 대한 이야기는 이 정도로 하고, 다음 장부터는 남녀 사이의 연애에 실질적인 도움이 될 만한 내용으로 이어가겠다.

PART _ 03

남녀 사이를 지배하는 연애의 법칙

왜 내게는 남자들이 다가오지 않는 걸까?

난생처음 사랑 고백을 주고받을 때의 떨림을 기억하는가? 남자는 남자대로, 또 여자는 여자대로 그때의 설렘을 평생 잊지 못한다.

그런데 문제는 이 같은 고백의 쏠림 현상이 크다는 것. 그중에서도 외모로 보나 뭐로 보나 남들에 비해 딱히 떨어지지도 않는데, 유난히 남자들이 고백을 기피하는 여성들이 있다. 본격적인 연애가 시작될 20대라면 큰 고민이 아닐 수 없다.

게다가 나보다 못한 여자들 때문에 허우적거리는 남자들을 보노라면 은근히 자존심이 상하기도 한다. 도대체 왜 내게는 남자들이 다가오지 않는 걸까?

가급적 남자 선택의 폭을 넓혀라

사람들은 끼리끼리 모인다고 하지만, 굳이 연애에서까지 애인 후보를 구분 지을 필요는 없다. 즉 직장 다니는 사람은 오로지 직장인, 아직 학생이라면 학교 친구나 선후배, 그리고 소개팅이나 맞선 상대만 이성으로 취급하지 말자는 것이다.

괜찮은 남자들만 소개팅, 맞선에 나오는 게 아니다. 설사 괜찮은 남자가 나왔다고 해서 이 남자가 내게 반할 거라는 보장도 없다. 더군다나 남자가 한순간에 내게 팍 꽂혔다고 해도 정작 내가 싫을 수도 있다.

일단 선택의 폭이 넓어야 '뭔가'가 걸릴 확률도 높아진다. 게다가 여성 취향이 편협한 남자들의 면면을 보더라도 내게 맞는 짝을 찾으려면 무조건 많이 만나고 봐야 한다. 일주일에 한두 명을 만나면 한 달에 10명 안팎, 일년이면 100명 전후의 남자를 만날 수 있다. 설마 그중에 내 짝이 없을까! '인연은 스스로 만드는 사람에게만 찾아온다'는 연애 명언도 있지 않은가.

다양하게 찾아 나서야 하는 것 다음으로 중요한 것은 괜찮은 남자를 만났을 때 어필하기다. 그런데 직장에서 괜찮은 남자, 학교에서 괜찮은 선배를 발견했더라도 이번에는 그에게 어필하는 방법을 모른다.

이제껏 선을 그어놓고 사람을 만난 탓이 크다. 연애도 해본 사람이 더욱 잘하는 것처럼 이성적 견지에서 사람을 다양하게 많이 만나봐야 요령도 느는 법이다.

성격이 내성적이다, 소심하다고 해서 움츠려 있으면 백마 탄 남자는 절대 당신을 발견하지 못한다. 그렇게 스스로를 꽁꽁 싸매고는 "난 소중하니까."라는 말이라도 하고 싶은 것인가? 남자들이 다가오지 않는다고 한탄 말고 스스로를 끊임없이, 줄기차게 노출시키고 웬만한 남자라면 한번씩 기회라도 줘보자.

기회를 주라는 말의 뜻은 이렇다. 직장동료 남자와 식사 후 커피를 마시는데, 그가 이렇게 말했다고 하자.

"이번 주말에는 할 일도 없고 집에서 하루 종일 뒹굴어야겠어요."

이때 여자의 반응이 '네가 집에서 쉬든지 말든지 나와는 상관없다'라는 식이면 남자가 다가오지 않는 여자의 전형이 될 소지가 다분하다. 꼭 당장 그와 사귈 마음이 없더라도 아주 조금이라도 호감이 간다면 한번 만나보라는 것이다. 즉, 이렇게 대응하는 것이다.

"어! 나도 이번 주말에 집에서 쉴 건데, 저랑 같이 영화나 볼래요?"

남자 또한 당신이 '웬만하면' 기꺼이 동의할 것이다. 남자에게 꼬리를 치라는 말이 아니다.

경우에 따라서는 먼저 한 발짝 다가갈 필요도 있다. 회사 내에서 함께 일만 해서 그렇지 밖에서 만나면 서로가 모르는 장점, 매력을 발견할 수도 있다. 또 이 남자와 친해져 그의 친구를 소개받게 될지도 모를 일이다. 만약 이것도 아니고 저것도 아니라면 직장동료로서 친해질 계기로 삼으면 된다. 다시 말해, 따로 만나서 밥도 먹고 영화도 보고 했는데 그래도 영 관심이 가지 않으면 그때 가서 그냥 '직장동료'다.

여자의 매력을 찾아라

'남자들은 여자 좋아한다. 머슴아 같은 여자 좋아하는 게 아니라.'

왜 많은 여자들이 가슴을 강조하는 옷을 찾는지만 생각해도 답은 바로 나온다. 남자가 가지지 못한 여자의 매력 때문이다. 또 조금만 걸어도 발이 아픈데 굳이 하이힐을 신는 이유는 뭐겠는가? 예쁘니까 신는다. 다른 이유 없다. 그런데 이런 노력을 게을리 하는 여자들이 있다.

남자를 다가오게 하려면 무조건 예뻐 보이고 볼 일이다. 남자를 처음 만날 때에 성격이나 능력 따위는 외모, 이미지에 가려 보이지도 않는다. 그런데, 예전에 이런 하소연을 들은 적이 있다.

"저는 운동을 해서 어릴 때부터 남자 같은 성격이었어요."

나 역시 중고등학교 시절 운동을 했기에 운동선수 여자들을 많이 만나봤다. 하지만 꾸미고 여자답게 행동하면 얼마든지 예뻐 보인다. 또 이렇게 말하는 여자도 있다.

"저는 천성이 그래서 안 돼요. ㅠㅠ"

천성이 그렇다면 내숭이라도 있어야 한다. 남자들은 아주 단순하다. 당신 내면의 아름다움을 처음부터 알아볼 남자는 없다.

일요일에 집에서 침대에 누워 TV를 보며 군것질하고 있을 때 남자한테 전화가 온 상황을 예로 들어보자.

"뭐하고 있어?"

"그냥 침대에 누워 TV 보고 있는데 왜요?"

이처럼 당신 스스로 남자의 판타지를 깨어서는 안 된다. 집에서 머리를 다 풀어헤치고 있더라도 정답은 바로 아래와 같다.

"공원에 산책 갔다가 지금은 커피 마시고 있어요."

이 말을 듣고 '이슬만 먹고 살 여자'라는 생각을 할 리는 없겠지만 남자는 분위기 있는 당신 모습을 떠올리게 된다. 지나친 내숭은 비호감을 불러오기도 하지만 적절한 내숭은 남자의 상상력을 자극한다.

눈 높다고 동네방네 광고하지 말자

일전에 42살 노처녀 히스테리를 부리는 지인과 전화 통화를 할 때다. '44살, 돈 잘 법니다'라는 남자를 소개해주겠다고 제안했는데 그 누나의 반응은 좀 어이가 없었다.

"아저씨처럼 생긴 건 아니지. 나 아저씨 같은 사람 싫어."

44살 남자가 아저씨지, 그 나이에 나잇값 못하게 하고 다니는 게 오히려 이상하지 않을까.

남자 얼굴을 안 본다고 주변에 알리는 것은 일단 긍정적이다. 사실 외모를 전혀 안 따질 리야 없겠지만, 말이라도 그렇게 하는 게 좋다. 그만큼 소개가 많이 들어올 테니 선택의 폭이 넓어지기 때문이다.

남자는 차일 것 같은 여자에게 절대로 대시하지 않는다. 만약 당신 주변의 어떤 남자가 마음속으로 당신을 좋아하고 있는데, 이런 말을 들었다고 치자.

"어디 〈시크릿 가든〉 김주원 같은 남자 없을까? 그런 남자랑 사귀고 싶어."

이 말을 들은 남자의 속내가 어떻겠는가? 당신에 대한 호감도는 급격히 저하되어 '어떻게 해봤으면' 하는 대상에서 당신을 바로 제외한다. 왜냐하면 자기는 김주원이 아니기 때문이다. 돈도 없고 얼굴도 고만고만하고 김주원 같은 카리스마도 없다. 당신에 대한 자신감은 위축되고 결국 감정을 정리할 수밖에 없다. 이때 당신 옆에 있던 친구가 이렇게 말하며 끼어들었다면 어떻게 될까?

"김주원은 드라마에서나 가능한 인물이잖아. 나는 나한테 잘해주는 남자가 제일 좋아."

이것이야말로 '남자를 다가오게 만드는' 말이다. 남자는 아주 약간의 호감만으로도 이 여자에게 기꺼이 다가갈 것이다.

사람은 직접 겪어봐야 진면목을 알 수 있는 법이다.

"너는 키가 작으니까 안 돼."

"그 사람은 재미가 없을 거 같아. 됐다고 전해줘."

이처럼 남자를 아예 다가오지도 못하게 하고 있지는 않은가? 대놓고 말하지는 않겠지만, 주변에 '나는 눈이 높아요'라는 광고를 하면 할수록 당신에게 다가올 남자는 더욱 줄어든다.

숲 속 오두막에 처박혀 백마 탄 왕자만을 기다리다가는 솔로 신세 면하기 어렵다. 최소한 왕자와 눈이라도 마주칠 수 있도록 길가에는 나와 있어야 한다.

사랑하고 싶은 여자는
이런 점이 다르다

남자들이 말하는 사랑하고 싶은 여자란 어떤 점을 말하는 걸까?

솔직하게 말해 대다수 남자들이 '예쁜 여자'를 가장 먼저 떠올린다. 하지만 이게 전부는 아니다. 외모가 예쁘면 마음씨도 착하고 예쁠 것이란 선입견을 가질 것 같지만 실상은 그렇지 않기 때문이다.

그저 예쁘다고 해서 남자들이 사랑을 느끼는 건 아니다. 처음에는 예쁘니까 호감을 갖고 다가가지만 사랑을 느끼려면 어떤 계기가 필요하다. 단순히 얼굴만 예뻐서는 연애용으로 생각할지언정 그 이상은 절대 아니다. 하물며 사랑을 느끼다니 얼토당토않다.

나 역시 얼굴 예쁜 여자들을 숱하게 만나보았지만 얼굴만 예쁜 여자는 만남이 짧았고 추억이라고 할 만한 기억도 거의 없다.

그렇다면 남자들은 여자의 어떤 모습에 사랑을 느끼는 걸까?

남자의 속사정을 배려할 줄 아는 여자

솔직히 돈만 있다면 사랑하는 여자에게 무엇이든 못 해주랴. 고급 레스토랑에서 칼질도 하고 싶고 최고 등급의 쇠고기, 비싼 위스키와 와인, 명품 선물 등등 다 해주고 싶어 하는 게 남자 마음이다.

하지만 만날 그렇게 데이트 하다가는 지갑이 거덜나기 십상이다.

물론 데이트 비용 정도를 들여서 그녀의 마음을 얻을 수 있다면 돈은 전혀 아깝지가 않다는 게 대다수 남자들의 심정이다. 문제는 돈을 아무리 들였다고 한들 그것만으로 마음에 드는 여자와 사귈 수는 없다는 데 있다. '된장녀' 논란의 본질은 바로 이것이다. 돈은 돈대로 들고 그녀는 나를 거들떠도 안 보고.

요즘에는 커플 통장을 만들어서 데이트 비용을 분담하는 경우도 있다고 하는데, 참 이해심이 많은 여자라는 생각이 든다. 나는 이 문제에 대해 몇 명의 여자친구에게 전화로 물어보았다. 그러자 그녀들의 대답은 한결같았다.

"데이트 비용 가지고 쩨쩨하게 구는 남자라면 만나고 싶지 않네요."

현실이 이러하니 남자들은 더치페이 따위는 말도 못 꺼낸다.

여자친구와의 하룻저녁 데이트에 보통 10만 원은 든다. 한 달이면 50~100만 원 정도 될 테니 대학생, 직장 초년생들에게는 큰 부담이 아닐 수 없다. 비단 돈 문제뿐 아니라, 자존심 때문에 쉽게 말을 못 꺼내는 남자들의 속사정을 이해해주고 배려하는 여자라면 남자는 애틋함을 느낄 수밖에 없다. 예를 들어보자.

나는 여자친구를 만날 때면 지갑과 핸드폰을 그녀에게 맡겨두는 편이다. 또 데이트 중에 무슨 일이 있을지 모르니 현금을 넉넉하게 찾아두는데, 하루는 일이 바빠서 지갑이 텅 빈 상태였다.

커피숍에서 여자친구를 만나 이야기를 나누는 중에 어느덧 식사 때가 되었다.

"뭐 먹고 싶어?"

"우리 김밥천국 가서 떡볶이 먹자."

의외였다. 함께 김밥천국을 가본 적도 없거니와 그런 곳을 좋아할 여자도 아니었기 때문이다. 하지만 여자친구는 끝까지 떡볶이를 고집했다. 결국 우리는 김밥천국으로 갔다.

떡볶이를 기다리는 중에 그녀가 말했다.

"너 요즘 하는 일 힘들지 않아? 일은 잘돼?"

"아니, 괜찮은데. 갑자기 그건 왜?"

"그냥, 너 지갑에 돈이 없길래. 항상 빵빵했는데."

"너 그래서 여기 오자고 했어? 아까 커피 값도 네가 계산하고?"

"응. 나도 요즘 돈이 궁해서 여기로 오자고 했지."

이 말에 참 사랑스런 여자라는 생각이 들었다. 비록 헤어지기는 했지만 오래도록 기억에 남았고 또 보고 싶었다.

여자는 여자다워야 한다

순전히 남자 입장에서 말하는 것일 뿐 여성을 비하할 의도는 없으니 오해 말자.

'무릇 여자라면 안기는 맛이 있어야 한다.'

이렇게 말하는 '여자의 이미지'란 익히 알고 있듯이 요리 잘하고 가냘프고 청순한 모습을 떠올리면 된다. 긴 생머리에 치마를 말하는 남자도 있을 것이다.

남자라면 대개 여자의 이런 모습에 약하다. 단순히 예쁜 얼굴, 몸매는 순간적으로 시선을 끌고 남자 마음을 혹하게는 만들지만 '여자다움'이 없다면 오래갈 수가 없다.

예를 들어, 여자가 남자 같은 옷차림, 스포츠형 머리에 말투마저 억세다면 과연 남자들에게 어필할 수 있을까? 좀 더 쉬운 예를 들자면, 〈시크릿 가든〉에 나오는 길라임(하지원 분) 같은 여자는 드라마이고 하지원이었기에 그런 대접을 받을 뿐이다. 걸핏하면 남자에게 발길질하고 "죽고 싶냐?", "5번 척추를 6번 척추랑 붙게 만들어줄까?" 이렇게 말하는 여자와 사랑을 속삭일 남자는 잘 없다.

예전에 어떤 여자와 극장에서 〈우리들의 행복한 시간〉이라는 영화를 본 적이 있다. 영화가 끝나고 나서 둘러보니 여자들 눈이 충혈되어 있었고 개중에는 여전히 글썽이는 여자도 있었다.

그런데 함께 간 여자는 덤덤하기 그지없다. 심지어 이런 말도 했다.

"오빠. 이게 슬프나?"

나마저도 영화를 보면서 눈물이 흘렀는데, 감정이 이토록 메마른 여자라면? 이뿐만 아니라 그녀는 "난 원래 치마 못 입어."라며 언제나 바지 차림에 운동화, 애교는 눈을 씻고 찾아봐도 없다. 여자처럼 보일 리 없으니 다가올 남자 또한 없다.

이해심이 넓은 여자

여자친구 때문에 가장 짜증날 때가 언제냐고 남자들에게 물어보면 '남자의 사생활을 인정하지 않는 여자'라는 대답이 압도적이다.

예를 들어 친구들하고 술 마시고 있는데 계속 전화하는 여자, 걸핏하면 "너 다른 여자랑 놀고 있지?"라고 말하는 여자 등이다. 아니라고 대답했는데 자꾸 의심하면 남자 입장에서는 짜증이 날 수밖에 없다.

반면에 이런 상황을 생각해보자. 친구들과 만나서 늦게까지 놀기로 한 날 여자친구로부터 아무 말도, 전화도 없다. 잔소리하는 것보다 전화가 없는 게 더 궁금하고 걱정될 즈음에 여자친구에게서 장문의 문자 메시지가 온다.

[잘 놀고 있어? 재미있게 노세요. 오늘 하루는 내 생각 하지 말고 ^_^
그렇다고 내 생각 전혀 안 할 남친은 아니잖아.ㅋㅋ
많이 마시지 말고 들어갈 때 문자해. 나는 이제 꿈나라로 간다.]

이런 메시지를 받고 바람피울 남자가 있을까?

남자들이 감동하고 또 그녀가 사랑스럽게 느껴지는 것은 바로 여자 친구의 이런 마음을 읽었을 때다.

결혼한 친구 중 한 명은, 아내가 너무 사랑스럽다며 아래 사연을 내게 들려준 적이 있었다.

토요일에 아이들과 4시간 정도 걸리는 지방의 놀이동산에 가기로 했는데, 금요일에 일이 많아 새벽 1시가 넘어서 퇴근했다고 한다. 아이들과의 약속 때문에 바로 잠들었는데, 눈을 떠보니까 아침 10시. 아침 7시 출발 예정이었는데, 아내가 깨우지 않은 것이다.

아빠가 자고 있으면 아이들도 빨리 가자고 난리였을 텐데 아이들마저 조용하다. 거실에 나가자 아이들은 〈뽀로로〉를 보고 있었고 7살 난 아이가 아빠에게 말했다.

"엄마가 어제 아빠 늦게까지 일했다고 깨우지 말래. 다음 주에 간다고. 뽀로로 보고 있으면 피자도 사준대."

이런 아내라면 나라도 여기저기에 자랑하고 다녔을 것이다.

여자들은 남자에게 뭘 원할까?

필자가 수준을 한참 밑도는 얼굴에도 불구하고 수많은 여자를 만날 수 있었던 이유는, 무엇보다 여자와 말이 잘 통했기 때문이다.

여자의 말에 맞장구를 잘 친다는 의미가 아니다. '여자의 말' 뒤에 숨겨진 속마음을 이해하고 다독여주었던 것인데, 이를 위해서는 '이 여자가 왜 이런 말을 할까?'라는 점을 생각할 줄 알아야 한다. 말에는 그 사람의 심정이 담겨 있으니까 말이다.

여자와 남자의 '말'은 분명히 다르다. 남자들은 대개 이 부분을 잘 이해하지 못해 일을 크게 만들곤 하는데, '남자는 설득시키기 위해 말을 하고 여자는 이해받기 위해 말을 한다'는 사실만이라도 분명하게 이해하고 넘어가자. 쉬운 예를 하나 들어보겠다.

여자친구가 회사 일 때문에 힘들다는 말을 한다. 그러자 사정을 들어본 남자친구의 반응이 이랬다면?

"그런 회사 당장 때려치워!"

"다른 일 찾아봐. 당분간 그냥 집에서 놀든가."

남자친구는 한참을 잘못 짚고 있다. 그녀는 남자친구에게 회사를 계속 다녀야 할지 말지를 묻고 있는 게 아니다. 자신의 처지와 심정에 대해 이해받기를 바라고 있다. 즉, 자신이 회사 일 때문에 힘드니까 그것을 알아 달라는 것이다. 따라서 남자는 이렇게 대답해야 한다.

"많이 힘들었구나. 어떻게 하지? 내가 어떻게 하면 우울한 기분을 풀어줄 수 있을까?"

이것이 여자가 원하는 대답이다.

여자들은 일을 즉흥적으로 판단하지 않는다. 회사 일을 그만두든 남자친구와 헤어지든, 한두 가지 일 때문에 순간적인 감정으로 결정하는 게 아니라 속으로 내도록 참다가 '이젠 정말 아니다'라고 싶을 때 말없이 행동으로 옮긴다. 마찬가지로 여자가 이별을 말할 때에는 그 이전에 최소 몇 번, 몇 수십 번은 남자친구에게 사전경고를 보낸다.

회사일도 역시 참아야 할 한계선을 넘어서면 자기가 알아서 사표를 쓴다. 이때는 또 어떻게 해야 되겠는가?

"내가 진작 그만두라고 했잖아. 왜 사서 고생이야?"

이렇게 말했다면 여자 마음을 몰라도 한참 모르는 것이다.

"잘했어. 다른 곳에 가면 네 능력을 인정받을 수 있을 거야."

이게 정답이다. 여자와의 대화를 어렵게 여기는 남자들이 많을 텐데, 상대의 입만 쳐다볼 게 아니라 상대가 무엇을 원하는지, 현재 상황에서 상대에게 가장 필요한 말은 무엇인지를 생각해보기 바란다. 상대방 말의 본질을 보는 것이다.

왜 이 여자는 내게 이런 말을 할까?

여자의 말 뒤에 숨겨진 속마음을 빨리 알아차려 거기에 답할 수 있어야 한다.

열 번 찍어
안 넘어가는 나무도 있다

남자들에게 헛된 희망과 함께 고달픔을 주는 속담이 하나 있다.
'열 번 찍어 안 넘어가는 나무 없다.'
겨우 10번 찍어서 넘어간다면 그렇게 하지 않을 사람들이 어디 있겠는가? 하지만 현실은 다르다. 10번이 아니라 100번을 찍어도 꿋꿋한 나무들은 분명히 존재한다.
물론 사랑에 제 목숨도 바친다는데, 한 여자에게 목을 매는 것도 청춘의 특권이기는 하다. 다만 현실적인 연애에서는, 몇 번 찍어보다가 안 넘어가면 다른 나무를 알아보는 게 낫다. 평생을 찍어도 안 넘어가는 나무는 안 넘어간다. 잘나고 못나고를 떠나서 인연이 아닌 것이다.
〈101번째 프러포즈〉라는 드라마가 있었거니와 간혹 끈질긴 구애 끝에 결혼에 골인한 무용담도 심심찮게 들을 수 있다. 그렇다고 나 또한 가능할 거라 여기면 큰 오산이다. '끈질긴 구애 끝에' 그냥 포기했다는 이야기는 너무 밋밋해서 화제가 안 될 뿐이고, 그 한참 반대쪽 이야기에는 '끈질긴 구애 끝에' 남자가 목을 맸다는 뉴스도 있는 법이다.

쉽게 말해, '이 여자가 아니면 죽어도 안 돼 vs. 이 남자와는 죽어도 안 돼'의 게임에서 어느 한쪽의 승률이 월등하게 높거나 하는 일은 없다. 눈에 콩깍지가 씌었으니 무슨 말이 귀에 들어올까마는 포기할 줄도 알아야 사랑도 아름답게 느껴지는 법이다. 남자가 뚝심 하나만 믿고 주야장천 들이댄다면 여자 입장에서는 상당히 민폐일 수밖에 없다. 내게는 사랑이지만 그쪽에는 스토커일 수도 있다는 말이다.

몇 번의 프러포즈가 실패로 돌아갔다고 해서 잔뜩 취해서는 밤늦게 전화로 '네가 얼마나 잘났길래'라며 술주정 부리는 것만큼 추한 짓도 없다. 또 '언젠가는 마음을 받아줄 날이 있을 거야'라는 친구들의 말은 그냥 듣기 좋은 소리나 위로에 불과하다.

"그래도 어떻게 해요! 눈만 감으면 그 여자가 아른거리고 하루라도 못 보면 미칠 것만 같은데!"

이 심정을 모르는 바는 아니다. 하지만, 분명히 열 번 찍어도 안 넘어가는 나무는 있다. 여자를 놓아줄 줄 아는 것도 사랑이거니와, 정 그녀를 붙잡고 싶다면 '도끼'부터 바꾸고 찍는 법부터 다시 익혀라. 어떤 '도끼'가 필요한지에 대해서는 이 책에 충분히 다루었으니 거기서 힌트를 얻으면 된다.

여자에게 어필하는 남자가 되는 요령

연애를 잘하고 마음에 드는 여자에게 어필하려면 일단 스스로에 대해 잘 알아야 한다. 사람들은 자신의 어떤 점이 연애의 플러스가 되고 마이너스가 되는지 잘 모른다. 대다수는 아예 관심조차 없다. 그냥 '이렇게 태어났으니 어쩌랴' 하고 만다.

연애에 있어 무엇이 치명적인 약점인지, 무엇이 무기인지 모르면 연애의 발전이 없다. 계속 '도끼질'만 열심히 하려고 할 뿐 도끼 성능에 문제가 있음에도 그것부터 어떻게 해볼 생각을 하지 않으니 몇 번을 대시하든 차이기만 할 뿐이다.

여자 입장에서 생각해보자. 한번 싫다고 했으면 그 남자가 바뀌지 않는 이상은 계속 싫을 뿐이다. 그냥 싫은 것이니 '왜 싫어하느냐?'고 따지거나 계속 들이대는 건 해법이 될 수 없다. 제발, 한두 번 차였다면 무엇이 문제인지부터 곰곰이 생각해보자. 그런 다음 자기의 단점을 숨기고 장점을 부각하는 전략을 세워야 한다.

요컨대, 여자에게 어필하기 위한 요령은 다음과 같다.

자신의 장점을 최대한 부각하라

연애를 하는 데 있어 필자의 가장 큰 단점은 바로 얼굴이었다. 못생긴 얼굴 때문에 여자들에게 첫인상을 좋게 남길 수가 없었다. 다른 장점은 여자들 눈에 들어가지도 않았다.

반면에 나의 장점은 큰 키였다. 186센티에 79킬로그램인데, 어느 날 내 뒷모습을 보며 이렇게 말하는 여자를 보았다.

"어머! 너 뒷모습은 완전 조인성이다."

난 이 말에 용기를 얻어 스타일을 부각하고자 많은 노력을 기울였다. 일례로 내 옷들은 흰색, 회색, 검정색 등 거의 무채색 계열이다. 또 라인이 많이 들어간 슈트와 셔츠, 바지를 즐겨 입는다. 몸매를 부각시키려는 의도에서였다.

한편으로는 못생긴 얼굴을 커버할 방법을 찾았다. 처음에는 모자를 써보았는데, 이것은 역효과였다. 왜냐고? 나중에 모자를 벗었을 때 여자의 실망감은 두 배로 다가왔기 때문이다. 그래서 이번에는 선글라스를 써보았다. 그랬더니 한 여자가 "밤에 선글라스 쓰고 다니는 남자, 미친 거 아냐?"라고 해서 바로 포기했다.

그러던 중 어느 연애 서적에서 보았던 글귀 하나가 떠올랐다.

'여자를 만날 때 작은 선물을 주면 얼굴을 대한 실망감을 낮추는 효과가 있다.'

프롤로그에서 밝혔듯 꽃다발 같은 선물은 이렇게 해서 준비하게 되었다. 그런데 이 약발도 처음에는 별로였다. 선물을 주면서 조금 재미있게 어필할 수 있어야 하는데 그게 안 되었던 것이다.

그런 어느 날 작은누나와 통화하던 중에 드디어 해법을 찾았다.

"야! 네 얼굴로 여자들이 만나주는 것만 해도 감사하지. 그냥 못생겨서 죄송하다고 해라."

나는 누나의 충고를 따르기로 했다.

"못생겨서 죄송해요. 못생긴 만큼 잘할게요."

처음에는 다소 쑥스러웠지만, 못생긴 대신 그만큼 노력하는 건 분명히 사실이었다. 어느 날 여자에게 이렇게 말했더니 그날 바로 애프터 신청이 들어오고 결국 그 여자와 잘되었다. 참고로, 못생긴 얼굴도 자꾸 보면 정이 든다는 사실도 잊지 말자.

자연스럽게 다가갈 방법을 찾아라

짝사랑을 하는 사람들의 가장 큰 고민은 '어떻게 내 마음을 알릴 수 있을까?'라는 문제다. 즉, 상대가 마음에는 드는데 다가갈 방법을 모르겠다는 것이다.

"식당에서 아주 마음에 드는 알바생을 만났는데 어떻게 다가가죠?"

"게임방 알바생이 너무 괜찮아요. 다가갈 방법이 없을까요?"

"커피숍 직원이 너무 예뻐요. 매일같이 커피 마시러 가는데 그냥 나오기 일쑤네요. 방법이 없을까요?"

참 쉽지 않은 문제다. 중간에서 연결해줄 사람이 있는 것도 아니고, 말을 주고받는 사이도 아니므로 어떻게 해볼 도리가 없다.

가장 먼저 떠오르는 방법은 쪽지 전달이다. 종이와 문자가 발명된 이래 가장 오래되고 보편적인 연애 수단, 쪽지를 통해 마음을 전하는 것이다. 그런데 쪽지에 아무리 구구절절한 사연을 담았다고 한들 그 편지를 보고 과연 연락이 올까?

나는 이런 상황에서 한 번도 쪽지나 편지를 사용해본 적이 없다. 나는 장동건처럼 생기지 않았기 때문이다. 여자가 보기에 "어머! 이 남자 완전 잘생겼다."라고 말할 정도가 된다면 사정이 다를 수는 있다. 상대는 당신의 외모를 보고 모든 걸 판단하기 때문이다. 만약 그렇다면 아랫부분은 읽지 않아도 된다. 쪽지를 건네지 않고 바로 다가가도 웬만하면 넘어올 테니까.

외모 등등 내세울 게 변변찮고 쪽지도 아니라면 어떻게 다가갈 수 있을까? 가장 좋은 방법은 '함께하는' 것이다.

예전에 길거리에서 마음에 드는 여자를 발견하고는 무작정 따라간 적이 있는데, 그녀가 어느 피아노 학원으로 들어갔다. 그 학원 강사였던 것이다. 나는 그 다음 날 바로 피아노 학원에 등록했고 한동안 그녀의 사랑을 받을 수 있었다. 학원에 등록하지 않고 쪽지에 '한눈에 반했다'는 식으로 적었다면 그녀가 과연 내게 넘어왔을까?

일단 부딪히고 함께하면 절대 유리하다. 그녀의 성향을 파악할 수 있고 나의 숨은 매력을 보여줄 수도 있다. 연애는 확률 게임이다. 어떤 방법이 성공 가능성을 높이는지 잘 생각해보자.

그런데 학원 다닐 시간이 없고 돈도 없다면?

이를 위해 예전 경험을 하나만 더 소개하겠다. 김밥천국에서 일하는 알바생에게 반했을 때였다.

식당이라서 주위에 눈이 많았고 가게 주인도 항상 있었다. 나는 바로 다가가기보다는 우회 전술을 택했다. '그녀의 마음을 얻으려면 그녀 주변 사람들에게 먼저 인정받으라'는 연애 지침을 따른 것이다.

나는 먼저 가게 주인을 공략 대상으로 삼았다. 40대 중후반 아줌마에게 다가갈 수 있는 방법은 뭘까? 아주 간단하다. 인사만 잘해도 된다.

"사장님, 안녕하세요."

처음에는 인사만 하고 차츰 대화를 늘렸다.

"오늘은 더 예쁘시네요."

"30대 초반이시죠? 애들은 아직 어리겠네요." (실제로는 40대 후반으로 보인다.)

우선 가게 주인과 친해져야 그녀에게 다가가기도 수월해진다. 그리고 알바생에게도 간단한 인사 정도는 늘 했다. 이렇게 5일 정도 지나자 여사장의 태도가 많이 상냥해졌다.

"동생 왔어? 오늘 날씨 덥지. 뭐 해줄까?"

이런 말이 오갈 즈음 나는 여사장에게 한 가지 부탁을 했다. 가게를 개인 블로그에 소개하고 싶은데 간단한 설문조사 작성을 도와달라고 했다. 이런 부탁이야 당연히 들어준다. 나는 설문지를 만들어서 주인에게 주고 그녀에게도 직접 물었다. 식당 아르바이트의 힘든 점은 없는지, 남자친구가 이런 곳에 오자고 한다면? 등등의 질문이었다.

나중에 또 궁금한 게 있으면 연락하겠다며 전화번호도 받았다. 그리고 그녀가 쉬는 날에 설문조사를 핑계로 밖에서 따로 만나 당초 목적을 이룰 수 있었다.

경제적 능력을 갖춰라

나이가 들수록 남자에게 꼭 필요한 게 경제적 여유다. 연애에서는 더욱 그렇다. 신성한 연애 이야기에 돈 문제를 꺼내서 죄송한데, 현실이 그러하니 어쩔 수 없다.

"그 남자 의사잖아."

"그 남자 돈 많이 벌잖아."

이처럼 남자의 경제력이 여자에게 어필해 연애의 무기가 되는 것이다. 서른이 한참 넘어 모아둔 돈이 천만 원도 안 된다면 자신의 미래를 맡길 여자는 많지 않을 것이다.

내 경우는, 웬만한 정도는 되지만 그렇다고 돈으로 여자를 유혹하는 짓은 절대로 하지 않는다. 돈에 넘어오는 여자들이 싫기도 하거니와 순수하게 연애 스킬로 승부한다는 자부심도 있다.

남자의 경제력이 문제가 되는 것은, 순수한 사랑이 경제적 이유 때문에 상처받거나 안 좋은 결말로 이어지는 경우가 많기 때문이기도 하다. 둘이야 죽고 못 사는 사이라 해도 주위에서 말들이 많은 게 현실이니까. 연애는 해도 결혼은 안 된다는 말들이 왜 나오겠는가?

심지어 이렇게 말하는 여자를 본 적도 있다.

"그 결혼 절대 하지 마. 산동네 연립에서 겨울에 얼어 죽고 싶어?"

돈 때문에 사랑마저도 흔들리는 세상이니, 사랑을 지키기 위해서라도 돈은 많고 볼 일이다.

나쁜 남자 스타일은
왜 인기가 많을까?

여자들에게 나쁜 남자 스타일이 인기가 많다는 이야기가 나돌면서 어설프게 흉내 내는 남자들이 있다. 하지만 여자에게 마냥 투덜대고 까칠하게 군다고 해서 '나쁜 남자'가 되는 건 아니다.

여자들이 나쁜 남자를 좋아하는 진짜 이유는, 절대로 안 해줄 것 같으면서 은근슬쩍 챙겨주기 때문이다. 항상 미지근하게 잘해주기보다는 평소에 무관심하고 냉소적인 태도를 보이는 듯하면서도 결정적인 순간에 감동을 선사하는 것이다.

게다가 남자로서의 자존심이 높아서 여자들에게 돈을 쓰게 하지도 않고 매사에 솔직하다. 보이는 그대로, 자기 생각을 거침없이 말하지만 자신의 잘못에 대해서는 바로 알아차리고 만회할 줄도 안다. 실전에서 나쁜 남자 스타일이 어떻게 먹히는지 예를 통해 살펴보자.

연인 둘이서 데이트를 하는데 여자의 걸음걸이가 어딘지 모르게 불편해 보였다.

"어디 아파?"

"새 신 신어서 그런가봐. 뒤꿈치가 많이 아프네."

"그러길래 나 만나는데 새 신 신고 와서 잘한다."

"치! 누구는 신고 싶어서 신었나."

남자는 평소처럼 무뚝뚝하게 말하며 손을 잡아주거나 하지도 않고 갈 길을 간다. 그러고 나서 얼마 후 카페에 들어갔는데, 남자는 화장실에 간다며 나가더니 거의 15분이나 지나서 자리에 돌아왔다.

"이리 와봐."

"왜?"

"이 여자 참 말 많네. 오라면 그냥 오세요."

이렇게 말하며 남자는 여자친구의 신발을 벗기더니 연고를 바르고 밴드를 붙여주었다.

"많이 아프지? 괜찮아?"

남자는 여전히 무뚝뚝한 표정이지만 평소와는 달리 말투는 너무나 다정하다.

바로 이 부분이 착한 남자와 나쁜 남자 스타일의 차이다.

착한 남자라면 새 신 이야기가 나왔을 때부터 걸을 수 있니 어쩌니 하면서 여자를 챙기지만, 나쁜 남자는 화부터 내고 본다. 물론 나쁜 남자도 알고 있다. 자기에게 예쁘게 보이고자 새 신을 신고 나왔다는 것을 말이다. 제 성격 탓에 따뜻하게 말하지 않을 뿐이다. 하지만 이내 자기가 무엇을 잘못했는지를 깨닫는다.

남자의 이런 모습이 여자에게는 어떻게 비칠까? 남자가 화를 낸 시점에는 그렇게 못마땅할 수가 없다.

하지만 말도 없이 연고와 밴드를 사와서는 직접 상처를 봐주는 순간, 상황은 급반전된다. 평소에 그렇게 차갑게 느껴졌던 남자가 세상 누구보다도 따뜻해 보이는 것이다.

영화 〈식스 센스〉의 반전을 기억하는가? 평소에 제멋대로인 나쁜 남자가 인기를 얻는 것도 그 같은 반전이 있기 때문이다. 나쁜 남자가 정말 나쁜 말, 나쁜 행동만 일삼는다고 생각하면 큰 오산이다. 인기는커녕 차이기 십상이다.

한편으로, 여자들이 느끼기에는 나쁜 남자가 '밀고 당기기'를 하는 것처럼 보일 수도 있다. 그런데 정작 나쁜 남자들은 그게 밀고 당기기인 줄 모르는 경우가 많다. 성격인 탓이 크다는 뜻이다. 대개 나쁜 남자들은 자기 생각과 주장이 강한 편이다. 철저하게 자기중심적이고 자기가 원하는 방향대로 연애를 이끌어 간다. 그렇기에 밀고 당기기를 하는 것처럼 보일 뿐이다.

남자들이 스킨십에 목매는 이유

남녀의 연애에서 서로에 대해 가장 이해하기 어렵고 또 실랑이가 되는 일 중의 하나는 바로 스킨십이다. 남자들이 왜 그렇게 스킨십에 환장하는지, 여자 입장에서는 도통 이해가 안 된다.

남자들은 도대체 무엇 때문에 늑대라는 비아냥거림에도 불구하고 스킨십에 목을 매는 걸까?

그 첫 번째 이유는 남자의 '양은냄비' 성향 때문이다. 양은냄비와 뚝배기를 놓고 볼 때 양은냄비로 요리했을 때 훨씬 빨리 익는다. 그만큼 열전도율이 좋기 때문인데, 남녀의 사랑도 이와 같다. 즉, 남자가 양은냄비라면, 여자는 천천히 익고 그 대신 오래가는 뚝배기에 비유할 수 있다.

남자는 여자를 처음 만나면 1분 안에 모든 판단이 끝난다. 예쁘다, 그럭저럭, 아니다. 이 셋 중 하나다. 또 이렇게 한번 정해진 선입견은 쉽사리 변하지 않는다. 여자가 보는 남자의 첫인상도 비슷하겠으나, 여자의 경우에는 비록 첫인상은 영 아니었지만 시간이 지날수록 점점 좋아지는 남자의 비율도 낮지 않다.

남자는 여자의 얼굴이 예쁜지를 확인하고 난 다음에야 또 다른 매력은 없는지 찾는 경향이 있다. 또 조급한 것도 남자의 연애 특성 중 하나다. 마음에 드는 여자의 연락처를 얻었을 뿐인데, 혼자서 별의별 생각을 다 한다. 상상 속에서는 거의 연인 수준일뿐더러 아직 손 한 번 잡아

보지 못한 상태에서도 마음속으로 성관계를 떠올린다.

남자의 이런 생각이 연애에 어떤 영향을 미칠까? 바로 스킨십으로 나타난다. 여자의 마음을 얻는 순간부터 그 이전의 상상을 현실로 만드는 데 혈안이 되는 것이다. 그래서 뱃길이 끊기는 섬으로 여행을 가자고 꾀는 것이고, 술을 마시게 하지 못해 안달이다.

또 한 가지 이유는, 사랑을 확인하려는 태도다. 여자의 몸을 탐하는 남자들의 가장 흔한 대사는 바로 이것이다.

"나 사랑하지 않아?"

사랑을 몸으로, 터치로 확인하려는 것이다. 반면에 여자는 정신적인 교감을 더 원하는 편이다. 같이 있고 서로 바라만 보고 있어도 남자가 너무나 사랑스러운 것이다.

따라서 이런 차이를 알고 서로 조금씩 양보하는 게 가장 바람직하다. 너무 치근대는 것도 정나미를 떨어지게 하는 원인이 되지만, 그렇다고 털끝 하나 손을 못 대게 하는 여자의 태도도 남자 입장에서는 애가 탄다. 애가 타는 나머지 말라 죽을 것 같은 심정을 여자는 절대 모른다.

이상은 본능적인 측면에서 스킨십을 분석한 것인데, 남자의 스킨십에는 본인들도 잘 모르는 또 다른 의도가 숨어 있기도 하다. 특히 성관계를 전후로 남자의 태도가 바뀌는 경우가 그렇다.

성관계를 가지게 되면 남자는 '이제 내 여자다'라는 인식을 무의식중에 하게 된다. 이때부터는 예전에 무조건 맞춰주고 양보하던 태도에서 벗어나 편해지려고 한다. 내 여자가 되었으니 누구에게 빼앗길까, 이 여자가 다른 남자에게 가지 않을까를 걱정하지 않아도 된다. 한편으로는 연애 초창기 때 자신이 공들였던 만큼 여자에게 보상받으려는 심리도 있다. 그렇기에 성관계에 목숨 걸고 덤벼드는 것인데, 여자 입장에서 보면 자신에게 막 대한다는 느낌을 받을 수도 있다.

그리고 스킨십이 진해지거나 성관계를 하고 나면 여자들의 태도가 달라지기도 하는데, 이 때문에 남자들이 스킨십에 열을 내는지도 모르겠다.

처음에는 여자친구가 나를 좋아하는지 아닌지 잘 몰랐는데, 스킨십을 허락하는 사이가 되고 나서는 사랑한다는 말도 자주 하고 전화, 문자 연락도 많아진다는 것이다. 또 남자친구에게 맞춰주려는 게 눈에 보인다. 여자의 이런 반응을 남자는 본능적으로 느낀다. 그의 손이 다가오는 것은 어쩌면 이 때문일지도 모르겠다.

여자는 이별을
서서히 준비한다

요즘 사람들은 참 쉽게 만나고 또 쉽게 헤어진다.

정 아니다 싶으면 빨리 헤어지는 게 상책이기는 하지만, 바람둥이가 아닌 다음에야 처음부터 몇 번 만나고 헤어질 생각을 하는 남자는 잘 없다. 그런데 애써 연인이 되었음에도 불구하고 여자들을 빨리 떠나버리게 만드는 남자들이 있다. 연애를 지속적으로 이끌어 나가지 못하는 남자들은 어떤 문제가 있을까?

사랑하는 여자에게 이별을 당한 남자들은 한결같이 도저히 이해를 못 하겠다고 한다. 느닷없이 이별 이야기가 나왔다는 것이다. 과연 그럴까? 어제까지만 해도 아무 일 없었는데, 갑자기 여자가 변심해 이별 통보를 한 걸까? 당신에게 오늘 이별 이야기를 꺼낸 것일 뿐 이별의 이유는 오래전부터 있었다.

구걸해서 얻은 사랑은 빨리 떠나간다

　3년 간 쫓아다니며 온갖 정성을 다하고 7번이나 고백한 끝에 사귀게 된 여자친구에게 사귄 지 불과 한 달 만에 차였다는 남자가 있다. 이렇게 차고 말 것이라면 아예 사귀지나 말 것이지, 그녀는 왜 이토록 쉽게 헤어져 남자의 속을 뒤집어 놓는 걸까?

　이 커플은 연애의 가장 기본적인 원칙 '서로가 마음에 들어서 사귄다'를 어겼다. 남자 입장에서는 여자가 너무나 마음에 들어 3년 간 쫓아다닌 것이었지만, 여자는 그저 '나를 이렇게 좋아해주는 남자가 또 있을까?'라는 생각이 사귀게 된 결정적인 이유였다. 남자의 정성이 갸륵해서 허락했던 것이다.

　하지만, 사람을 좋아하고 싫어하는 마음은 쉽게 바뀌는 게 아니다. 사귀고 난 다음에도 남자는 여전히 여자에게 잘해주고 잘 챙겼지만, 3년 전이나 지금이나 여자를 사로잡는 '뭔가'는 없었다.

　급기야 여자는 '이 남자하고는 맞지 않는다'는 판단을 한 것이고 아무 미련 없이 이별을 통보했다고 한다. 서로를 좋아해서, 간절하게 원해서 사귀었다면, 특히 여자는 상대가 다소 마음에 들지 않는 면이 있다고 하더라도 쉽게 이별을 말하지 않는다. 구걸해서 얻은 사랑, 순간적으로 상대의 마음을 돌려서 사귀게 된 연인은 그만큼 위태롭고 이별도 빨리 오는 법이다.

얼떨결에 사귀게 된 커플

관심 있는 여자에게 다가갈 때 남자들은 잘해준다. 잘할 수밖에 없다. 어떻게든 내 여자로 만들겠다는 일념으로 여자를 대하는 것이다. 웬만한 부탁은 다 들어주고 여자가 굳이 말을 꺼내지 않아도 하나하나 챙겨준다. 데이트 비용도 모두 남자 몫이다.

여기에 여자도 차츰 호감을 갖게 된다. '이 남자가 나를 진심으로 좋아하는구나'라는 생각이 드는 것이다.

그렇게 마음이 조금씩 열리는 순간, 어느 날 남자의 결정적인 프러포즈가 뒤따른다. 맛있는 저녁에 와인, 멋진 이벤트도 곁들였다. 여자는 분위기에 취해 남자의 프러포즈를 받아준다.

이제, 남자는 당연히 여자의 마음을 얻었다고 생각한다. 연인 사이로 여기는 것이다. 하지만 여자 입장은 조금 다르다. 남자가 자기에게 잘해주고 좋은 남자인 것은 알겠는데, 왠지 모르게 아직 남자로 느껴지지 않는다. 얼떨결에 허락은 했지만, 어떻게 하면 좋을지 갈피를 잡지 못하는 상황이다. 이 남자가 자기의 이상형인지도 확신이 서지 않는다.

당분간 오빠, 동생으로 지내자고 말하기에는 남자 쪽에서 너무 많은 것을 해주었고 멋진 프러포즈에 나도 모르게 덜컥 남자의 마음을 받아들였던 것이다. 그런 한편으로 연인처럼 지내기에는 남자가 너무 부담스러운 것도 사실이다. 스킨십도 너무나 어색하게 느껴졌다.

이 경우에는 한 달을 전후로 이별 이야기가 나올 가능성이 크다. 행여나 하는 마음에 몇 번 데이트를 해봐도 도저히 남자로 보이지 않는다면 여자 입장에서는 어쩔 수 없다. 여자는 몇 날 며칠을 고민하다가 어느 날 갑자기 남자에게 "그만 만나는 게 좋을 것 같아요."라며 이별을 말한다.

이 같은 이별은 사실 누구의 잘못도 아니다. 수십 년을 함께 살다가도 헤어지는 부부가 부지기수다. 남자에게는 아직 기회가 남았지만 한번 돌아선 여자의 마음은 되돌리기가 쉽지 않다.

사귀는 것과 동시에 남자의 행동이 돌변한다

서로가 죽고 못 살 만큼 사랑을 해야 사귀게 되는 것은 아니다. 연애 경험이 많은 사람일수록 이런 경향이 있는데, 어느 정도 호감이 있고 괜찮을 것 같다는 생각만으로 사귀기 시작하는 사람도 의외로 많다. 상대에 대한 호감이 만나는 과정에서 사랑으로 바뀔지도 모르고, 정 애틋한 마음이 일지 않으면 얼마간 사귀다가 헤어지면 그뿐이기 때문이다.

그런데 문제는 어느 한쪽이 사랑으로 착각하는 경우다. 특히 남자들은 '이 여자가 나와 사귀기로 했으니까 우리는 이제 사랑하는 거야.'라는 식으로 관계 규정을 하는 경우가 많다.

당연히 시도 때도 없이 스킨십을 시도하고 상대를 구속하려고 한다. 이때 단순한 호감으로 사귀기로 마음먹은 여자는 어떤 생각이 들까?

이 남자가 괜찮은 것 같아서, 좀 더 깊이 알아보고자 사귀었는데 생각지도 못한 남자의 진도에 화들짝 놀라게 된다. '내가 왜 이 남자의 고백을 받아주었을까'라는 후회마저 든다.

밥은 뜸이 들어야 제맛이 난다. 여자의 사랑도 그렇다. 없던 사랑이 어느 한순간에 샘솟는 게 아니다. 남자는 사귀는 것과 동시에 본격적인 사랑이 시작되었다고 믿지만, 여자 입장에서는 '호감+α'일 수도 있다는 사실을 잊지 말자. 사귀기로 했다고 방심 말고 조심스럽게 다가가 여자의 마음을 다잡는 계기부터 만들어야 한다.

다른 남자가 눈에 들어와서 차이는 경우

사귀고 나서 몇 년 정도 지나면 남자든 여자든 권태기를 맞이하게 된다. 한때 불처럼 뜨거웠던 사랑이 차츰 식으면서 상대의 장점에는 무감각해지고 대신 연애 초기에는 몰랐던 단점이 하나둘 눈에 들어온다. 서로에 대한 불평불만이 쌓이는 데 비해 남자친구의 자상함도 예전만 못하다는 게 확연하게 느껴진다.

이때 다른 남자가 여자의 눈에 들어온다. 물론 여자가 바람을 피우는 것은 아니다.

예전에 이 같은 내용으로 상담을 한 적이 있는데, 이해를 돕기 위해 그 커플의 예를 소개하겠다.

사귄 지 6개월 정도 되는 커플인데, 친구들과의 술자리에 친구 애인의 친구들이 합석하게 되었다. 서로 어울리는 중에 한 남자가 자기에게 관심을 보였다. 호감이 가는 외모, 스타일이었다. '사귀는 사람이 있다'는 여자의 말에 그 남자는 "그냥 친구하면 되죠."라고 말했다. 서로 어려울 때 도와줄 수 있는 친구로 지내자는 것이었다.

그러고 나서 한 달쯤 후에 여자가 술을 마시고 밤 11시쯤 원래 남자친구에게 전화했다. 그는 빨리 집에 들어가라며 성화였다. 연애 초기의 부드러움은 전혀 없었다.

"지금 몇 시인데 아직까지 술을 마셔? 빨리 들어가."

예전에는 '택시 타고 집에 들어가는 동안은 불안하니까 계속 통화하자'라고 했던 남자였는데, 전화 목소리에는 짜증이 묻어났다. 여자는 서운한 마음에 친구로 지내자던 남자에게 전화를 했다. 이 남자의 반응은 전혀 딴판이었다.

"제가 지금 갈 테니까 어디 카페라도 들어가 있어요. 바로 갈게요."
"속은 괜찮아요? 걸을 수는 있어요?"

남자친구와는 달리 이렇게 챙겨주자 여자는 조금씩 마음이 흔들렸다. 대략 이와 같은 상황이었는데, 결국 이 여자는 원래 남자친구에게 이별을 고했다.

바람기를 타고나는 남자와는 달리 여자들의 외도는 대개 분명한 이유가 있다. 특히 남자친구의 애정이 예전만 못하다고 느껴질 때 여자들은 쉽게 흔들린다. 남자들이 알아채지 못할 뿐이다.

아주 크고 튼튼한 댐이라도 작은 구멍 하나에 결국 무너지듯 여자의 이별 이야기는 어느 날 갑자기 나오는 게 아니다. 당신이 전혀 생각하지 못하는 순간에도, 여자는 서서히 이별을 준비한다.

남자의 미래가 불투명한 경우

여자는 20대 후반이 지나면 결혼에 대한 심리적 압박이 커지기 시작한다. 친구들이 하나둘씩 결혼하고 집안에서도 결혼 이야기가 심심찮게 나온다. 결혼이 현실로 다가오는 것이다.

남자들에게는 여자의 경제적 능력이 사실 아주 큰 문제는 아니다. "내가 먹여 살릴게."라는 마인드에 능력은 외모, 성격 등의 우선순위보다 뒤에 놓는 경우가 흔하다. 하지만 여자는 다르다. 남자 잘못 만났다가는 고생길이 훤하다는 것을 잘 안다.

남자가 서른이 넘어 일용직 아르바이트 자리를 전전하고 '인생 한 방'이라며 헛된 꿈만 꾼다면 그와 미래를 함께할 여자는 없다. 더욱이 말을 함부로 하고 술주정이 심한 편이라면 더욱 암울하다.

'이 남자와 살면 속상한 일이 한두 가지가 아니겠다.'

라는 생각이 드는 것이다. 어려서는 남자를 좋아하는 마음에 연인 사이로 지냈지만, 막상 결혼 앞에서는 남자의 다른 조건을 따질 수밖에 없는 게 여자다.

사랑을 말하는 대신 느끼게 하라

남자의 사랑은 급격하게 타오르는 대신 식는 것도 빠르다. 그녀와 사귀기 전에는 온갖 정성을 다하고 목숨이라도 내놓을 것 같은 애정이 연인 사이가 되면 조금씩 사그라들기 시작한다. 여자친구에게 차츰 소홀해지고 짜증을 내는 일도 잦아진다.

같은 남자로서 이해를 못하는 것은 아니다. 만날 때마다 떨리고 설레면 심장 약한 사람은 어디 살겠는가. 그럼에도 불구하고 여자들은 남자의 이 같은 태도에 섭섭함을 느끼는 것도 사실이다. 조금만 더 노력하면 될 것을, 여자 마음을 이해하지 못해 감정의 골을 키우는 것이다.

여자들이 느끼는 가장 대표적인 서운함은 자기가 뒷전으로 밀렸다는 느낌을 받을 때다. 특히 입버릇처럼 "좀 있다가 전화할게."를 연발하는 남자들은 각성해야 한다.

남자들은 대개 자기 할 일 다 끝난 다음에야 여자친구를 찾는다. 친구들이랑 놀 것 다 놀고, 당구치고 술 마시고 게임방 가서 제 할 일 다 하고 저녁 늦게나 여자친구를 떠올려 전화를 한다는 말이다.

여자친구와 만나기로 약속을 한 날에 갑자기 친한 친구에게 '오랜만에 모여서 놀자'라는 연락이 오는 날을 조심하라. 대다수 남자들은 이 제안에 거절을 못 한다. 여자 때문에 옹졸하고 우정도 모르는 남자가 된다고 생각하기 때문이다. 물론 여자친구에게는 다른 핑계를 댄다.

"친구들이 보자고 하네. 급한 일인 것 같으니까 나중에 전화할게."
"집에 급한 일이 생겨서 오늘은 못 만나겠다. 끝나면 전화할게."
"내일까지 서류를 넣어줘야 돼서 지금 회사 들어가는 길이야."

이렇게 하고선 친구들과 놀다 보면 전화하겠다는 말조차 까맣게 잊어버린다. 사회생활을 하다보면 지인, 친구들과 어울릴 일이 많은 건 어쩔 수 없다. 하지만 그때라도 약속만큼은 꼭 지켜야 한다.

"30분이면 끝나니까 조금만 기다려줄래. 미안해."

시간을 미리 알려주고 또 정확하게 지키는 게 그리 어려운 일인가? 친구들과 노는 것을 이해 못 할 여자친구는 없다. 오히려 주위에 친구들이 많은 남자를 더 괜찮게 보는 편이다.

하지만, 연애 초기에는 여자에게 온갖 정성을 다 쏟다가, 갑자기 친구들보다 못하다는 느낌을 받는다면 여자 입장에서는 서운한 게 당연하다. 하물며 '말'에 민감한 여자들로서는 30분 있다가 전화한다고 했으면 꼭 그 시간에 전화가 올 것으로 여긴다. 만약 전화가 오지 않는다면 자기에게 무관심한 남자, 소홀한 남자가 될 것이고 이런 일들이 쌓여 '믿지 못할 남자'로 찍히는 것이다.

비단 약속시간뿐 아니라, 남자들은 말이 앞서는 경향이 있어 여자의 오해를 사거나 다툼의 빌미를 제공하는 경우도 많다. 별 생각 없이 큰소리치고 일단 지르고 보자는 식이다.

"그건 다음 달에 해줄게."

"이번 주말에 어디 놀러라도 가자."

이렇게 말했으면 지켜야 한다. 남자들이 이렇게 말할 때에는 '상황을 봐서'라는 말이 앞에 생략되어 있는 경우가 많지만, '여자의 언어' 감각에서는 이것을 이해하지 못한다.

게다가 아무 생각 없이 말하는 당신과는 달리 여자는 좋아하는 남자의 한마디 한마디를 모두 기억한다. 남자들은 거짓말을 하더라도 그 순간을 잘 넘기면 된다고 생각하지만, 여자는 거짓말인 줄도 모르고 그 말에 희망을 품는다. 이게 여자의 사랑이다. 그런데도 이 말이 안 지켜진다면 어떻게 되겠는가?

　여자의 사랑과 믿음을 얻으려면 말을 앞세우지 말고 행동으로 '보여줘야' 한다. 눈에 보이지 않는 사랑이라 할지라도 '이 남자가 나를 사랑하고 있구나'라는 느낌을 줄 수 있어야 한다. 말로만 "사랑해."라고 할 게 아니라 말이다.

쉽게 다가온 남자는 쉽게 떠나간다

블로그에서 많은 여성들의 연애 상담을 해오며 가장 안타깝게 생각되는 사연은 바로 '아낌없이 주는 사랑'이다. 남자가 그만큼의 사랑을 되돌려준다면 다행이지만, 남자의 거짓 사랑에도 불구하고 자기의 모든 것을 내주는 여자 분들을 정말 많이 봐왔다.

남자는 단지 당신과 한때의 연애를 즐길 뿐인데, 여자들은 이게 잘 안 된다. 모든 남자들이 다 그런 것은 아니고 또 '바보 같은 사랑'이라고 해서 사랑 자체가 욕먹을 일도 아니다.

하지만, 적어도 스스로를 비련의 주인공으로 만드는 일은 하지 말자. 즉, 현명하게 연애하고 사랑할 줄 알아야 된다는 말이다.

이를 위해서는 무엇보다 남자를 보는 안목이 중요하다. 그래서 여자

마음을 갖고 장난치는 남자, 혹은 아무리 생각해도 아닌 남자라면 과감하게 차버려라.

최소한 그 남자의 말이 진심인지 아닌지, 이것만큼은 가릴 줄 알아야 한다. 당신의 마음을 얻기까지, 그리고 연애 초창기 때는 남자의 진심이 잘 드러나지 않는다. 당신을 유혹하는 게 그 남자의 지상 목적이니까 말이다. 하지만 당신이 그 남자를 허락한 다음이라면 사정은 다르다. 당신의 마음을, 몸을 준 남자라고 해서 끝없는 믿음으로 대했다가는 믿었던 만큼 상처도 커질지 모를 일이다.

남자들은 뭔가를 쟁취하고 나면 더 이상 흥미를 보이지 않는 경향이 있다. 연애도 마찬가지여서 연인이 된 다음이라면, 그전까지는 당신밖에 안 보였을 테지만 다른 여자가 그의 시야에 들어오기 시작한다.

이 부분을 잘 이해해야 한다. 아직 내 남자가 바람이 난 상황은 아니다. 하지만, 호감이 가는 여자 앞에서 남자는 어떻게든 잘 보이려고 노력한다. 이 순간만큼은, 당신의 존재는 그의 마음 안에서 사라진다.

이것은 거의 모든 남자들에게 나타나는 보편적인 현상이다. 그와는 달리 바람기가 다분한 남자친구라면?

새로운 여자가 눈에 띄자마자 그녀는 내 남자의 타깃이 되고 당신은 '보험 상품'으로 남는다. 다른 여자를 어떻게 해보려고 정신이 없지만, 그럼에도 여전히 자기만 바라봐 주는 여자가 그에게는 필요하다. 당신의 역할은 꼭 그만큼이다.

물론, 세상 모든 남자들이 그처럼 시시탐탐 바람피울 생각을 하는 것은 아니다. 사귀기 전이든 후든 당신만을 바라보고 당신만을 위해 주는 남자들도 적지 않다. 그런데 이런 남자들일수록 연애에는 서투르다. 그의 진심은 누구보다 당신을 사랑하지만, 여자를 다루는 기술이 부족하니 그 때문에 당신을 답답하게 할지도 모른다. 반면에 연애에 탁월한 능력을 지닌 남자들은 눈에 보이는 연애만큼은 100점 만점이다. 결정적인 순간에 당신을 배신하니까, 오로지 그게 문제다.

어떤 남자가 좋은 남자일까? 선택은 각자의 몫이되 그 이전에 이런 남자들을 구분할 수는 있어야 한다.

잡힐 듯 말 듯 연애하라

둘이 사귀기 전에는 연애의 주도권을 남자에게 줘버리고 결정권만 잘 활용하자. 다시 말해, 남자가 하고 싶다는 걸 웬만하면 따라주되 사귈지 말지는 여자 쪽에서, 최대한 결정을 미루는 게 유리하다. 일단 남자의 진심이 충분히 드러나기 전까지는.

이해를 돕기 위해 낚시를 예로 들겠다. 사람들이 낚시에 빠져드는 이유 중 하나는 언젠가 더 큰 물고기가 잡힐 것 같은 기대 때문이다.

일단 잡은 물고기부터 생각해보자. 초보 낚시꾼에게도 물고기는 낚인다. 그런데 낚이는 물고기는 대개 거기서 거기다. 물고기의 종류, 크기를 확인한 다음 바로 바구니에 넣고는 다시 낚싯대를 드리운다. 잡은 물고기는 이제 안중에 없고 (그렇다고 버리지는 않는다.), 더 큰 물고기를 노리는 것이다.

대다수 남자의 생각도 이와 다르지 않다. 쉽게 잡은 물고기는 아무런 감흥도, 애착도 없다. 그저 낚이니까 잡을 뿐이다. 마찬가지로 연애에서도 '쉽게 잡히는 물고기'가 되어서는 안 된다. 남자가 아무리 마음에 들고 이상형이라고 해도 쉽게 넘어가지는 말자.

쉽게 잡히지 않기 위해서는 무엇보다, 속마음을 드러내서는 안 된다. 이 남자가 내게 호감을 보인다고 해서 얼씨구나 하며 마음을 열면 이때부터 순식간에 전세가 역전되기 일쑤다. 그 남자는 당신이 그저 웬만큼은 되는 여자이기 때문에 잘해주고 배려해주는 것일 수도 있다. 혹은 그냥 찔러보는 것일 수도 있고 재미 삼아 몇 번 만나볼 생각을 하는지도 모른다. 그럼에도 불구하고 최선을 다하는 것처럼, 당신을 마음에 담고 있는 것처럼 그는 행동한다.

그가 당신에게 다가오더라도 남자에 대해 충분히 생각하고 지켜본 다음에 결정해도 늦지 않다. 그의 마음이 진심이라면 쉽사리 당신을 포기할 리는 없다. 감성돔을 잡으러 간 사람이 민어나 숭어 몇 마리 잡았다고 해서 낚싯대를 접지 않는 것처럼 남자는 최선을 다하며 끈기 있게 기다릴 것이다.

다만, 너무 도도하게 구는 것도 답은 아니다. 잡힐 듯 말 듯 행동하는 게 중요하다. 즉, 아무리 용을 써도 올라갈 수 없는 나무라는 느낌을 줘서는 안 된다. 개중에는 자격지심 때문에 포기하는 남자들도 왕왕 있기 때문이다.

줄 듯 말 듯 연애할 수 있어야 남자의 노력을 최고조로 이끌 수 있다. 남자는 애가 타는 만큼 자기의 사랑이 큰 줄 안다. 그에게 어렵게 얻은 사랑, 놓치고 싶지 않은 사랑이 되어주는 것이다.

속마음을 먼저 드러내지 말자

주위에서 아무리 아니라고 해도 남자에게 푹 빠져 헤어 나오지 못하는 여자들이 있다. 그 남자 말이라면 '해가 서쪽에서 뜬다'고 해도 믿는다. 하지만, 처음에는 '무슨 피치 못할 사정이 있겠지' 하다가 결국 '다시는 그런 놈 만나지 말아야지' 하는 것으로 끝나는 경우가 많다. 남자의 진심을 제대로 보지 못하고 쉽게 믿음을 준 대가다.

또 자기감정이 얼굴에 그대로 드러나는 여자 분들도 조심해야 한다. '내가 이 남자를 좋아한다'는 게 눈에 보이면 그걸로 게임 끝이다. 정작 남자는 별 관심이 없다가도, 이런 태도를 보이면 바로 당신에게 다가온다. 애정이 있어서가 아니라 한 건 올리기 위해서다.

연애 경험이 조금이라도 있는 남자라면 '이 여자가 나를 좋아한다, 그렇지 않다' 정도는 어렵지 않게 판단한다. 하물며 몇 번 만나지도 않았는데 좋아하는 태가 팍팍 난다면 남자 입장에서는 솔직히 고맙기까지 하다. 과감하게 대시해 바로 목적을 달성할 수 있으니까.

이처럼 감정이 얼굴에 드러나는 여자들의 또 한 가지 특징은 쉽게 거절을 못 한다는 데 있다. 얼굴은 이미 발그레해져 '나 너 좋아해'가 씌어 있으니, 유혹을 작정한 남자에게서 벗어날 도리가 없다. 특히 나 같은 바람둥이 남자에게 걸리면 백전백패일 것이고 어설픈 남자들에게도 쉽게 빌미를 제공한다.

천성이 그렇다면 어쩔 도리는 없다. 하지만 이 경우에도 남자의 접근을 이성적으로 판단해 대응할 수 있어야 한다. '네가 나를 컨트롤하기에는 아직 부족하다'는 것을 남자에게 알려주는 것이다. 이처럼 예상치 못한 장벽이 생기면 남자는 급하게 전략을 수정해 좀 더 진지하게 다가올 것이다.

이런 과정을 통해 진심이 아닌 남자들을 걸러내자. 내가 마음에 드는 남자라고 해서 무조건 받아들인다면, 당신에게 쉽게 다가왔던 만큼 그는 쉽게 떠날지도 모른다.

남자를 유혹하는 기술이
필요 없는 이유

연애 초반에는 남자와 여자 사이에 딱 나오는 그림이 있다.

여자가 마음에 들어 대시하는 남자 vs. 그것이 좋은지 싫은지 판단하는 여자. 프러포즈의 성패가 갈리기까지는 대개 이 같은 패턴으로 진행된다. 이것을 100m 달리기에 비유하자면, 연애 초반에는 여자가 항상 앞서서 달리고 있고 남자가 뒤에서 열심히 뒤좇는다.

날 잡아보라고 유혹하는 여자와 이 여자를 좇아 잡으려는 남자, 이것이 연애 초반의 그림이다.

이 구도에서 여자가 딱히 할 일은 없다. 그저 남자를 제대로 판단하기만 하면 된다. 물론 여자 쪽에서 남자에게 먼저 다가가는 경우도 있을 텐데, 이때는 조심해야 한다. 예를 들어, 여자가 먼저 연락처를 달라고 하면 알려주지 않을 남자는 없다. 그에게 여자친구가 있든 없든 아내가 있든 없든 말이다. 만나자고 해도 거의 순순히 응한다.

그런데 문제는 이 둘의 목적이다. 여자는 남자가 마음에 들어 어떻게든 가까이 가려 하지만, 남자는 이런 여자의 마음을 이용할 생각이 앞서게 된다. 여자의 반응을 봐가면서 자신도 사랑 흉내를 내는 것이다.

그렇다면 여자는 언제나 수동적이어야 하는가? 마음에 드는 남자가 눈에 띄더라도 그가 내게 다가오기만을 한없이 기다려야 하는가?

가급적 많은 남자를 만나 그중 자기를 좋아해주는 사람들 속에서 내 마음에 드는 사람이 있는지 살피는 게 일단은 낫다.

그렇지 않고 직장이나 학교에 정말로 마음에 드는 남자가 있다면, 내가 먼저 다가갈 수도 있다. 다만, 이때는 최소한의 손짓만 해야 한다. 그 남자 언저리에서 서로에 대한 이해, 공감대를 넓힐 수 있는 관계만 유지하는 것이다. 나의 장점, 나의 매력을 자연스럽게 어필할 수 있도록 하자.

마찬가지로 이 기간 동안 상대 남자에 대해서도 살피되, 먼저 고백을 하는 건 좋지 않다. 남자에게 스스로의 감정을 확인할 수 있는 기회만 주는 것이다. 그에게는 이제 3가지의 선택이 남는다.

1. 당신에 대한 감정이 싹터서 좀 더 다가오는 경우
2. 어떻게 해볼 생각으로 다가오는 경우
3. 계속 무관심한 경우

먼저 3번인 경우는 그냥 깨끗이 잊고 나를 사랑해줄 사람을 다시 찾는 게 낫다.

어찌어찌해서 유혹했다 한들 떠나갈 남자는 결국 다 떠난다. 괜히 인터넷, 연애 서적을 뒤져 남자한테 사랑받는 법, 남자를 유혹하는 법, 남자한테 이렇게 해줘라, 모성애를 자극하라, 미소를 보여라 등등을 외우고 실천해봐야 별 소용없다. 해줄 만한 남자에게만 해주는 게, 받은 만큼의 사랑만 돌려주는 게 현명하다.

남자가 2번의 의도로 다가온다면 잘 판단해야 한다. 당신에게 호감을 가진 척, 위하는 척하지만 당신보다 더 괜찮아 보이는 여자가 발견되면 언제든 떠나갈 남자다. 아무리 잘해줘도 헤어지면 말짱 도루묵인데다가, 그가 잘해주는 건 잠깐이고 상처받을 일은 끊임없이 생긴다. '언젠가는 알아주겠지' 하는 바람은 그야말로 희망사항에 지나지 않는다.

남자 한두 명만 잘못 만나도 이십 대는 금방 지나간다. 1번 같은 상황이 생기면 좋겠지만, 이 경우에도 남자의 진심이 충분히 드러난 다음에 마음을 열어야 한다. 그래야 진실한 사랑도 얻고 또 오래 간다.

"내가 그 남자한테 잘해주고 챙겨준 게 너무 분하고 억울해요."

남자에게 당한 다음에 이렇게 말하는 여자를 정말 많이 봐왔다. 나를 떠올리며 이렇게 생각할 여자도 적지 않을 것이다. 깊이 반성하고 뉘우친다…….

남자를 사랑하면 생기는 여자의 불치병

남자에 대한 판단이 잘 서지 않으면 주위 사람들에게 조언을 구하자. 이때 웬만큼 질이 안 좋은 남자는 다 눈에 보이게 마련이다. 당연히 주위에서는 이별을 권한다.

"그런 남자를 왜 만나?"

"당장 헤어져! 안 그럼 나중에 눈물 흘릴 게 뻔해."

이 말에 힘을 얻은 당신은 "그래! 오늘은 꼭 결판을 낼게." 하면서도 막상 그 남자 앞에 서면 입이 안 떨어진다.

"나 때문에 많이 힘들지? 앞으로 잘할게."

남자의 이 한마디에 서운한 마음은 모두 사라지고 다시금 사랑의 포로가 된다. 이제껏 '앞으로 잘할게'를 수도 없이 말했을, 처음부터 사랑 따위는 없었던 그 남자의 말만 믿고 혼자 눈물로 지새는 날들의 연속이 이어진다.

남자에게 마음을 주고 나면 둘의 연애 게임은 전세가 한순간에 역전된다. 이때부터 남자의 사랑은 눈에 띄게 옅어지는 반면, 여자의 사랑은 차츰 눈에 보이기 시작한다.

도시락을 예쁘게 싸서 남자친구 회사에 가져다주고, 그 남자를 위해 한 글자 한 글자 편지도 적어보고, 그 남자를 위해 없는 내숭 있는 내숭 다 떨어가며 귀여운 척도 하게 될 것이다. 왜 이렇게까지 할 생각이 드는 걸까? 당연히 그를 사랑하기 때문이다. 그런데 이렇게 예쁜 사랑을 할 줄 아는 당신이 유독 약한 게 있다. 바로 win-win 연애다.

이 남자가 나를 떠날 것을 두려워하지 말자. 어차피 내게 사랑이 없는 남자라면 일찌감치 떠나보내는 게 낫다. 이별이 두려우니까 자꾸 이해하려만 하고 더 많은 희생도 감수하려고 한다.

그 남자에게 주는 사랑만큼 남자의 사랑을 받을 권리가 당신에게는 있다. 둘이 사귀기 전을 떠올려보자. 그때의 당당함, 도도함은 다 어디로 갔는가?

그 남자가 헤어지자고 하면 빨리 헤어지는 게 낫다. 그는 사랑을 연기했을 뿐 처음부터 그럴 생각이었으니까. 한동안 많이 아플지언정 사랑의 아픔은 또 다른 사랑으로 치유하면 된다.

당신과의 만남이 식상해지면 남자 쪽에서 선수를 칠 수도 있다. 남자의 말만 믿었다가 뒤통수를 맞는 격이다.

"그때 나랑 결혼하자고 했잖아! 그 말 진심 아니었어?"

"그 순간에는 진심이었어. 그런데 살다보면 마음은 바뀌는 거 아냐?"

죽어도 헤어질 수 없다는 여자친구의 말에, 나는 이렇게 말하고 냉정하게 돌아선 적이 있다.

나는 처음부터 거짓 사랑이었지만, 사랑이라는 걸 알면서도 사랑보다 현실을 택하는 남자도 있다.

외국에 유학 간 남자친구를 2년 동안 기다리며 헌신했던 여자의 상담을 받은 적이 있다. 수없이 많은 메일을 주고받고 메신저로 사랑을 속삭이며 다른 남자들의 온갖 유혹을 다 마다하고 기다렸건만, 정작 그 남자는 외국에서 같이 공부했던 아주 괜찮은 집안의 여자와 결혼했다고 한다.

왜 이렇게 혼자서 아파하고 혼자서 손해 보는 연애를 하는지 모르겠다. 사랑에 빠지면 모든 걸 내주고야 마는 게 여자의 사랑이라고 하지만, 마음을 주기 전에 제발 그 남자의 진심만이라도 확인하자.

남자에게 미치지 마라

이제껏 많은 여자들을 만나면서 한 가지 공통점을 발견한 게 있다.
'여자들은 사랑하게 되면 그 남자에게 미치는 경향이 있다.'

일단 마음이 넘어오면 남자의 단점 같은 것은 눈에 잘 들어오지 않는다. 따라서 연애 초기일수록 남자가 잘못한 것에는 그 즉시 반응하는 게 낫다. 예를 통해 살펴보자.

아침 날씨가 너무 추워 출근하는 남자친구 걱정에 문자를 보낸다.

[오늘 날씨 추워. 옷 따뜻하게 입고 운전 조심해. 좋은 일만 가득하기를 기도할게.]

이 남자에게 여자친구의 존재감이 있다면 답 문자를 보내거나 전화라도 해야 한다. 만약 바쁜 일이 있었다면 나중에라도 아래와 같은 내용으로 연락을 하는 게 정상이다.

[아침에 바빠서 문자를 못 했네. 너 때문에 일이 잘되는 거 같아.]

그런데 저녁이 다 되도록 답장 하나 없다면 그 남자의 마음속에서 당신은 한참 후순위다.

그렇다면 어떻게 대응하는 게 좋을까? 깜빡했을지도 모르니 그냥 넘어가야 할까? 만약 이해하고 넘어가기로 했다면 만날 남자에게 끌려 다닐 수밖에 없다.

똑같이 대해주는 게 정답이다.

저녁 때 문자가 오면 똑같이 씹어주고, 전화를 받지 않으면 당신도 받지 마라. 그에게 조금이라도 애정이 남아 있는 한 남자 쪽이 훨씬 더 아쉽고 안달이 난다.

'여자친구는 나의 말이라면 언제든지 이해해주니까.'

'내 말이면 꼼짝 못하니까.'

남자들이 이런 생각을 하는 건 여자 탓도 크다. 마음을 빼앗겨 남자 앞에서 당당하지 못하니까 남자들이 제멋대로 행동하는 것이고, 급기야 다른 여자에게 눈을 돌리기도 한다.

문자 답변이 없는 남자친구에게 전화했을 때 "지금 바빠. 나중에 전화할게."라는 남자친구의 말에 "지금 바쁘구나. 미안해. 알았어."라고 한다면 당신은 한참 잘못하고 있다.

당신이 미안해할 이유가 없거니와 오히려 자꾸 이런 식이라면 당분간 안 볼 거라는 위기감을 줘야 한다.

"그 남자가 헤어지려고 하는 것을, 제가 울면서 붙잡아서 다시 사귀고 있어요."

예전에 이런 상담 메일을 받은 적이 있는데, 과연 내가 "참 잘했어요. 예쁜 사랑 하세요."라고 대답해주었을 것 같은가?

당신이 매달리면 매달릴수록 당신의 가치는 떨어지고 남자친구 또한 당신의 소중함을 모르게 된다. 지금 당장 남자친구를 내 곁에 붙잡아두었다고 한들 과연 그게 얼마나 가겠는가. 몸을 붙들 게 아니라 마음을 붙잡아야 한다.

사랑은 절대로 구걸하는 게 아니다. 이것은 연애의 절대 진리다.

PART _ 04
그 여자 그 남자의 속사정

남자가 절대로 이해 못하는 여자의 행동

'여자들은 도대체 왜 그러는 걸까?'

남자가 아무리 머리를 굴려도 도저히 답이 나오지 않는 여자의 행동이 몇 가지 있다. 왜 그러는지 이유를 모르니 남자 입장에서는 여간 답답한 게 아닌데, 그럼에도 불구하고 여자들의 말, 행동은 그냥 나오는 게 아니다. '메시지'가 담겨 있다. 종잡을 수 없는 여자의 말, 행동을 어떻게 이해해야 하는지 몇 가지 예를 들어 살펴보자.

왜 여자들은 '아무거나'라는 말을 할까?

남자들을 미치게 만드는 여자의 언어사용 습관 중 하나가 '아무거나'다. "어디 갈래?", "뭐 먹으러 갈래?"라고 물어보면 "아무거나…"라는 대답이 돌아올 때가 정말 많다.

처음, 또는 두 번째 데이트를 하는 남자라면 '아무거나'라는 얘기를 듣는 순간부터 패닉에 빠지게 된다. '비싼 데로 가야 하나?', '한식이 좋을까, 양식이 좋을까?', '음식이 입맛에 안 맞으면 어떡하지?'라는 불안과 초조함이 온몸을 휩싸는 것이다. 도대체 여자들의 '아무거나'라는 말에는 어떤 의도가 담겨 있는 걸까?

정답을 말하자면 '네가 좀 알아서 해라'라는 뜻이다. 어차피 여자가 계산할 것도 아니고 여자가 만나자고 한 것도 아니기 때문이다. 한편으로는 남자가 하자는 대로 기분 좋게 따라가 줄게, 라는 기대감이 담겨 있기도 하다.

'아무거나'라는 여자의 대답에 너무 불안해하지 말고 일단 그녀가 딱히 못 먹는 것만 물어봐라. 고기류를 안 좋아하는데 스테이크 전문점 가봐야 돈은 돈대로 쓰고 데이트는 마이너스 평점을 받을 수도 있다.

여자들은 왜 잘해주는 남자와 사귀지 않을까?

상담 메일 중에 억울하다는 남자들의 하소연이 많다.

"최선을 다해 잘해줬는데, 왜 제가 이성으로 안 보인다고 할까요?"

"대학로 소극장까지 빌려 이벤트를 했는데 왜 안 받아줄까요?"

"왜 처음부터 아니라고 하지, 질질 끌었을까요?"

여자에게 정성을 다하고도 헌신짝처럼 버림받은 이유는 당신이 그녀에게 2% 부족한 남자이기 때문이다. 여자한테 잘하고 능력도 어느 정도 괜찮은데 설명하지 못할 무언가가 부족하다. 싫은 것도 아니지만 그렇다고 사귈 수도 없는 애매모호한 남자인 것이다.

이 세상 어디에도 잘해주는 남자에게 처음부터 '나는 사귈 마음이 전혀 없어요'라고 말할 여자는 없다. 하지만 무조건 잘해준다고 해서 여자가 넘어오는 것도 아니다. 잘해주는 남자가 고맙기는 하지만 그 고마움 때문에 사랑이 샘솟지는 않는다. 하늘이라도 감복할 만큼 더욱더 정성을 쏟든가 부족한 2%를 채우는 수밖에 달리 방법은 없다.

왜 여자들은 예쁜 여자를 소개시켜 주지 않을까?

친구 사이로 지내는 여자에게 소개팅을 부탁하면 절대로 예쁜 여자는 나오지 않는다. 한편으로, 같이 있을 때는 죽고 못 사는 자매처럼 행동하더니 한쪽이 가고 나면 바로 험담을 늘어놓는 여자들도 있다.

이것은 여자들의 무의식에 깔려 있는 '경쟁심리' 때문이다. 여자들이 동창회나 친구 모임에 갈 때 왜 그토록 신경 쓰겠는가? 머리를 새로 하고, 명품가방을 들고 파우치 안에 어떤 화장품을 넣을지까지 다 생각하고 동창회에 간다. 그렇게 하고 동창회에 다녀와서는 이제는 또 친구 남편이나 남친들은 의사고 교수고, 무엇을 해주었다는 이야기를 남자들한테 늘어놓는다.

여기서 남자들이 꼭 명심해야 할 게 있다. 그 넋두리는 넋두리일 뿐이다. 당신을 사랑하지 않기 때문에 그런 말을 하는 게 아니다!

단지 지금 기분이 좋지 않으니까, 내가 하는 말, 내가 하는 하소연을 조금 들어 달라고 말하는 것일 뿐 그 이상도 그 이하도 아니다. 만약 당신을 사랑하지 않는다면 그런 말조차 꺼내지 않을 것이다. 만약 여자친구나 아내가 동창회에 다녀와서 아무 말도 하지 않고 기분만 저기압이라면 그게 더 심각한 징후라는 것을 알아채야 한다.

왜 남들 눈에 보이지도 않는 속옷 하나 사려고 백화점 순례를 하는 걸까?

남자들은 백화점에 가면 자신이 원하는 물건이 있는 매장으로 직행한다. 그리고 본인의 맘에 드는 옷을 집고서 '치수 100 있어요?'라고 물어본 후 바로 구매해서 백화점을 빠져 나온다. 대부분 남자들이 이처럼 목적에 충실한 쇼핑 행태를 보인다.

하지만 여자는 다르다. 마음에 드는 물건이나 옷을 발견하고도 다시 백화점 1층부터 찜한 물건이 있는 4층까지 다 둘러본 후에야 그 매장으로 간다. 그리고 나서도 바로 그 옷을 집어 드는 게 아니라 이것저것 다 구경하고 살 것도 아니면서 몇몇 옷은 입어보기까지 한다. 도대체 왜 그런 걸까?

여자는 쇼핑 자체를 즐기기 때문이다. 남자들은 백화점에 그 옷을 사기 위한 목적 하나만 가지고 가지만, 여자들은 간 김에 백화점 구경도 하고 사람 구경도 하고 또 살 건 없는지 살피면서 쇼핑하는 그 시간 자체를 즐기는 것이다.

오랜만에 백화점에서 남자친구랑 오붓하게 쇼핑을 즐기려고 했는데, 그걸 이해 못 하고 짜증을 낸다면 '이 남자는 이해심도 없고 내 마음도 몰라준다'고 여자들은 생각할 수밖에 없다. 그리고 남성 동지들! 여자들은 원래 아름다움이나 꾸미는 것에 민감할 수밖에 없다는 사실을 인정하고 체념하기 바란다. 이건 방법이 없다.

여자들은 왜 그렇게 할 말이 많을까?

　남자들끼리의 전화통화는 대개 1~2분이면 끝난다. 그야말로 용건만 전달하고 바로 끊는다. 하지만 여자들은 다르다. 예를 들어 〈시크릿 가든〉 이야기가 나왔다면 도중에 현빈이 나온 드라마나 영화 이야기로 곁가지를 펼치다 내일 〈만추〉 보러 가자는 약속을 하고, 또다시 현빈 군 입대 이야기로 네버엔딩 스토리가 이어지는 것이다.

　흔히 남자는 결과를 중시하고 여자는 과정을 중시한다고 한다. 여자의 대화도 마찬가지다. 너와 내가 함께 이야기하고 있다는 것도 대화 목적만큼이나 중요하다.

　아무리 말이 많다고 해도 여자 입장에서는 남자에게 할 이야기가 있고 들려주고 싶은 말이 있다. 그럼에도 불구하고 남자가 '다음에 하자, 피곤하다, 결론만 이야기를 해라' 등등 이런 식으로 나온다면 여자는 진짜 이 남자하고 대화 안 통한다는 결론을 내고 만다.

　나는 마초적인 성격이 아주 강한 남자다. 그럼에도 불구하고 왜 이런 것을 알고 있는 걸까? 여자에게 사랑받기 위해서는 여자를 이해할 수 있어야 하고 또 거기에 맞춰야 하기 때문이다.

연애경험이 없는 남자와 사귀기 싫은 이유는?

개그맨 김경진이 지금까지 한 번도 연애를 해보지 않았다고 방송에서 공개한 적이 있다. 오로지 짝사랑 경험밖에 없다는 것이다. 같은 남자로서 안타까움을 느끼지 않을 수 없는데, 연애 경험이 부족한 남자들에게 흔히 나타나는 문제점 몇 가지만 살펴보자.

좋아하는 것도 자꾸 하면 질린다

일전에 친구 사이로 지내는 여자를 만나 밥을 먹고 있는데 그녀의 남자친구에게서 문자가 왔다. 문자를 확인한 여자의 첫마디는 "또 보냈네. 참 징하다."였다.

"무슨 일인데?"

"인증 샷. 지금 저녁 먹는다고."

사연을 들어보니, 착하고 순수해 보여서 몇 번 만난 남자였다. 그런데 어느 날 그 남자가 극장에서 영화를 보고는 인증 샷을 날렸는데, "나는 이런 거 좋아해."라는 말이 화근이 되었다고 한다.

그날 이후로 하루에 기본적으로 3~5개 정도의 인증 샷 홍수에 시달린다고 한다. 밥 먹으면 밥 먹는다, 지금 자려고 누웠다, 아침에 일어나니 뽀루지가 생겼다 등등 그녀의 말을 들어보니 거의 인증 샷 테러 수준이었다.

좋아하는 것도 자주 하면 질리게 되어 있다. 특별하고 괜찮은 것, 좋은 것을 보았을 때 '어쩌다가' 해주는 게 훨씬 신선하게 와 닿는다.

　예를 들어 그녀가 아귀찜을 좋아한다면 아귀찜 사진을 먹음직스럽게 찍어 "다음에 같이 가자!"라는 메시지와 함께 보내는 것이다. 이렇게 해서 다음 데이트 약속까지 잡고 말이다.

착한 남자들이 착각하는 것

　"그녀가 제게 착하고 좋은 사람이지만 그 이상의 감정은 안 생긴다고 하네요."

　남자들의 연애 상담에서 자주 나오는 말이다. 일단, 건달과 사는 여자들도 자기 남편 보고 못됐다는 말은 하지 않는다. 남자가 밖에서 어떤 행동을 하든 실제로 보지 않는 이상 모르기 때문이다. 그저 자기에게 잘해주고 말 잘 들으면 그게 착한 남자다.

　당신 역시 여자친구 속 썩이지 않고 정성을 다했을 터인데, 왜 여자는 사귀기 싫어할까?

　여기에 마냥 착하기만 한 남자들의 문제점이 여실히 드러난다. 다시 말해, 불행하고 슬픈 일도 함께해야 정도 생기고 서로에 대한 이해도 깊어지는 법이다.

　'나를 웃게 한 남자는 기억할 수 없지만 눈물을 흘리게 한 남자는 기억에서 지울 수 없다'라는 연애 격언을 되새겨보자.

　여자 눈에서 눈물나게끔 행동하라는 말이 아니다. 그 여자의 감정을 잡고 흔들 수가 있어야 된다는 뜻이다. 여자에게 좋은 남자, 착한 남자는 그만큼 확 끌리는 데가 없는, 미적지근한 느낌을 줄 수도 있다. 사실 무조건 "응, 그렇게 하자.", "내가 해줄게."를 남발하는 예스맨도 남자로서는 별 매력이 없다.

또 연애 경험이 없는 남자치고 괜찮은 남자 없다. 연애 경험이 없으면 그만큼 순수한 사랑을 하지 않을까?

사랑은 순수할지 몰라도 여자와의 연애에는 장점보다 단점이 훨씬 많다. 여자에게 다가갈 줄 모르고, 어떻게 해줘야 할지 모르기 때문이다. 만나면 하품이 절로 나오는 남자에게 끌리는 여자는 없다. 만약 내 성향이 그렇다면, 여자들에게 적극적으로 다가가는 성격으로 스스로를 변화시킬 필요가 있다.

여자들은 절대 모르는
남자의 연애 심리

돈이 많은 남자는 예쁜 여자를, 돈이 없는 남자는 돈 많은 여자를 찾는 게 남자들의 가장 기본적인 심리 중 하나다. 여기에 더해, 돈이 없는 남자는 여자를 사귈 때 연애용과 결혼용으로 구분 지어 사귀려는 경향이 있다.

예쁜 여자를 싫어할 남자는 없다. '제 눈에 안경'이라는 말은 외모에 대한 개인적 취향만을 말하는 게 아니라, 여자의 조건도 본다는 의미로 이해하는 게 맞다. 특히 인물값 좀 한다는 남자들이 평균 외모 이하의 여자들을 만나는 경우는 딱 두 가지 이유 때문이다.

1. 자기에게 잘해주고 데이트 비용도 거의 대기 때문에 편안하게 만날 수 있다.

2. 직업이 좋거나 경제적으로도 넉넉해 결혼용으로 만나는 경우

　남녀 간 연애가 자유롭고 또 유혹도 많은 세상에서 온전히 사랑만으로 여자를 만나는 남자는 드물다.
　스스로 사랑이라고 말하는 남자를 보더라도, 그 사랑 안에는 외모, 경제력 등등의 조건들이 끼어 있게 마련이다. 이 모든 조건을 뭉뚱그려 상대를 선택하고는 '난 순수한 사랑'이라 믿는 것이다.
　친구 중에 서른 살에 결혼한 녀석이 있는데, 그 놈은 소위 '퀸카'로 불리는 여자들을 다 마다하고 외모가 한참 떨어지는 여자와 결혼할 거라며 소개해준 적이 있었다. 늘 예쁜 여자들에게 둘러싸여 있던 놈이라 처음에는 이해하기 어려웠는데, 그 여자에 대한 설명을 듣고는 모두가 바로 수긍했다.
　무남독녀에 아버지 재산이 300억대!
　이 말을 하자 주위의 반응은 더욱 가관이었다.
　"정말 부럽다. 인생 역전이네."
　"이런 로또가 없다."
　바람기가 있는 남자일수록 예쁜 여자보다 돈 많은 여자를 더 좋아한다. 돈이 있으면 예쁜 여자는 얼마든지 또 만날 수 있기 때문이다.

몇 번 만나고 헤어질 여자들은 이미 정해져 있다

　남자들이 나이트클럽, 클럽에 가는 첫 번째 이유는 원나잇 스탠딩 때문이다. 운 좋으면 하룻밤을 함께 즐길 여자가 걸릴지도 모른다는 희망을 안고 가는 것이다.
　그런데 구태여 나이트클럽까지 가지 않더라도 도우미가 있는 술집에 가면 훨씬 재미있고 편하게 놀 수 있는데, 왜 여자들 술값까지 다 대면서 나이트클럽을 찾는 걸까? 돈만 주면 2차를 가는 것도 아무 일 아닌데 말이다. 그건 바로 일반 여자들에 대한 환상 때문이다.
　여자를 좋아하는 사람들에게 유흥업소 여성과 일반인은 그 가치가 다르다. 하물며 유흥업소 여성들이 훨씬 예쁜데도 불구하고 평범한 여자들에게 더 호기심을 가지는 게 남자들의 속성이다.
　또 한 가지, 나이트클럽에서 만난 여자들을 대하는 남자의 심리가 있다. 이런 여자들은 함부로 다뤄도 괜찮다는 생각이다. 클럽 죽순이에게 사랑을 줄 남자는 없다. 단지 하룻밤을 즐기기만 하면 그뿐이다.
　나는 클럽 같은 데는 출입하지 않으니까 그런 남자를 만날 가능성은 전혀 없네요, 라고 할 수 있을까?
　남자들이 그 같은 생각을 하는 것은 클럽에서가 아닌, 일반 여자들을 만나는 경우에도 해당될 때가 있다. 남자는 별로 마음에 들어 하지 않는데 여자가 적극적으로 다가오는 경우다. 쉽게 말해, 상대는 '쉬운 여자'이면서 동시에 클럽에 가서 유혹해야 만날 수 있는 '보통 여자'가 되는 것이다. 남자들은 이렇게 꼬신 여자들에게 대해 처음부터 '몇 번 만나고 헤어질 여자'라는 꼬리표를 붙여둔다.

남자들은 아주 단순하다. 자기에게 잘해주는 여자가 좋은 줄은 모르고 자기가 좋아하는 여자에게 더욱 관심을 갖고 거기에만 매달린다.

이 같은 심리 때문에라도 남자들에게 먼저 다가가는 것은 좋지 않다. 마음에 든다고 하더라도 대시를 유도하는 선에서 충분한 시간 동안 기다리는 게 낫다. 좋아하는 마음이 싹텄다고 해서 무턱대고 다가가면 이를 거부할 남자는 잘 없다. 언제든 떠날 수 있고 그럴 마음이 있기 때문에 아무 때고 당신을 받아들일 수 있는 것이다. 그 이전에, 남자는 자신이 온갖 정성을 들인 대상이 아니라면 그만큼 애착을 가지지 않는다.

예전 여자와의 만남을 정리하겠다는 말은 더욱더 믿어서는 안 된다. 대개 그들의 핑계는 '시간이 필요하다', '내 마음은 이미 네게 있어'라는 식이다. 이렇게 안심을 시킨 다음에 예전 여자와 만남을 지속하든가, 혹은 자기가 진짜 좋아하는 여자를 찾아 주위를 두리번거리는 게 요즘 남자들의 현실이다.

한 가지만 덧붙이자. 술자리에서 술에 취해 몸을 못 가누거나 혀 짧은 소리를 내며 술기운에 남자들의 스킨십을 죄다 받아주는 것도, 남자들에게 먼저 다가가는 것만큼이나 잘못된 신호를 준다.

여자의 외모에 대한 남자들의 솔직한 생각

'남자는 능력이 있어야 되고 여자는 얼굴만 예쁘면 된다.'

대한민국에서 연애할 때 통용되는 가장 일반적인 속설이다. 사실, 나 역시 못생긴 얼굴에도 불구하고 능력적인 면에서 웬만한 사람들에게 뒤떨어지지 않았기에 그처럼 많은 여자를 만날 수 있었다. 만약 이 얼굴에 경제적 능력마저 없었다면 여자들이 나를 쳐다나 보았을까, 라는 생각이 든다.

연애에서 외모 때문에 생기는 스트레스는 여자들의 경우 아주 심하다. 오죽하면 '외모가 경쟁력'이라는 말이 생겼겠는가.

솔직히 '마음이 예뻐야 여자지'라는 말은 외모가 떨어지는 사람들에 대한 위로이자, 얼굴이 예쁜 데 더해 예쁜 마음도 가져야 한다는 강요에 지나지 않는다. 더욱이 연애에 있어 여자의 외모는 성격, 능력, 마음씨보다 한참 앞서는 영순위 기준이라는 게 요즘의 현실이다.

일례로, 외모가 떨어지는 여성이 같이 밥 먹자고 연락해오면 "네가 사줄 거야?"라는 반응을 보이는 남자라도 예쁜 여자의 연락에는 180도 돌변해 속물근성을 보인다.

"우리 예쁜이가 오빠랑 밥 먹고 싶구나. 뭐 먹고 싶어?"

이처럼 되는 것이다. 이게 오늘날 대한민국의 현실이고 대다수 남자들의 솔직한 생각이다. 그런데, 여기에 더해 여자를 울리는 남자들의 못된 근성이 하나 더 있다. 여자들의 외모가 자기 이상형인지 여부와는 상관없이 이 여자, 저 여자 건드려보려는 심리다. 이들에게는, 작업을 걸지 않아도 스스로 다가오는 여자들이 더없이 고맙기만 하다. 어차피 몇 번 만나다가 헤어질 생각인데, 그만큼 시간이나 비용을 들이지 않고도 여자를 손에 넣을 수 있기 때문이다. 사람들은 끼리끼리 어울리는 법이니 친구들도 곁에서 한마디씩 거든다.

"한두 번 만나다가 몇 번 자고 끝내라."

내 주위에 이런 남자들이 유독 많이 있는 건지는 잘 모르겠지만, 이 글을 읽는 상당수 남자들은 뜨끔함을 느낄 것이라는 게 내 생각이다. 그들이 여자의 마음을 받아들이는 것은 그녀를 좋아해서가 아니라 침대에서의 쾌락을 원하기 때문이다. 그런 속셈도 모르고 자기를 좋아해준다고 믿는 여자들을 지켜보노라면 참으로 안타깝다. 항상 그 남자 걱정을 하고 그와의 만남을 행복으로 여기고 있지만, 그 행복이 깨지는 건 아주 순식간이다.

나는 성형수술에 적극 찬성하는 입장이다. 비록 나는 도저히 손댈 엄두가 나지 않아 포기했지만, 성형을 통해 외모 콤플렉스를 극복하고 자신감을 가질 수 있다면 못 할 이유가 없다. 다만, 남들의 시선을 지나치게 의식해 얼굴에 손을 대는 것에는 다소 부정적이다. 남자들이 예쁜 여자들에게 목을 매는 것도 그녀를 얻고 난 다음부터는 차츰 시들해진다. 예쁜 얼굴도 자꾸 보면 식상해지고 무덤덤해지는 것이다.

이때부터는 마음씨가 눈에 들어온다. 특히, 자기에게 얼마나 잘해주는지 여부가 여자를 판단하는 중요한 기준이 된다. 얼굴이 아주 예쁘지만 이기적인 여자 vs. 적당한 외모에 배려심이 깊은 여자가 있다면, 결국 후자로 남자의 마음이 기운다는 것이다. 생각에 깊이가 없고 단순한 남자의 특성 상 당장에는 예쁜 여자에게 눈길이 가지만, 시간이 흐를수록 여자의 진정한 가치를 깨닫게 된다. 그러하니, '남자는 무조건 얼굴만 따진다'는 말도 절반만 정답이다.

남자들끼리 모여 예전 여자친구들 이야기를 할 때면 의외로 외모 이야기는 별다른 이슈가 되지 않는다. 그보다는 예전에 그녀가 자기에게 얼마나 잘해주었는지, 그것만을 기억하고 또 그리워한다. 즉, 남자의 추억 속에 있는 여자는 '예쁜 여자'가 아니라 자기에게 '그렇게까지 해준' 여자다.

여성의 외모에 대한 차별은 분명히 존재한다. 하지만, 외모가 떨어진다고 해서 이성을 못 만난다는 법은 없다. 마찬가지로 예쁜 여자라고 해서 남자들에게 늘 사랑받는 건 더더욱 아니다.

여성의 외모와 관련해 남자들이 중요하게 생각하는 게 또 한 가지 있다. 바로 여자로서의 매력이다. 얼굴이 예쁘고 못생기고를 떠나서 그녀가 여자같이 보이는가 하는 점이다.

'여자는 여자다워야 제맛이다.'

이 말의 참뜻은 여자는 예뻐야 한다는 게 아니다. 여자에 대한 남자들의 판타지, 그 가장 근원에 있는 여성스러움을 언급하는 것이리라.

여자의 사생활에 간섭하는 남자의 속마음

여자친구의 사생활을 일일이 확인하며 간섭하려는 남자들이 적지 않다. 그녀가 나를 진정으로 사랑하고 있을까, 라는 막연한 불안 외에도 그들에게는 또 한 가지 걱정이 있다.

일단, 그들은 자기의 사생활과 여자친구의 사생활에 대한 판단 기준이 다르다. 여기서도 남자들의 이중적인 심리가 그대로 드러난다. 즉, 자신이 다른 여자를 만나거나 친구들과 놀 때는 여자친구의 간섭을 꺼리면서 여자친구가 딴 남자라도 만날라치면 난리가 난다. 자기는 믿으라는 말만 하면서 정작 여자친구는 믿지 못한다.

왜 이런 잣대를 적용하는 걸까? 바로 남자친구 본인이 '남자'를 알기 때문이다.

바람피우는 것에 대해 남자들은 이중의 기준을 적용한다. 남자 따로, 여자 따로인 것이다. 예를 들어, 남자들은 내가 비록 다른 여자를 만났더라도 그녀와 스킨십이 없거나 술 한잔 하는 것 따위는 바람으로 여기지 않는다. 연락처를 주고받고 밤늦도록 함께 놀았지만 '만리장성'을 쌓은 게 아닌 한 그것은 바람이 아니다.

하지만, 자기 여자친구가 다른 남자와 친하게 연락을 주고받는 것은 참지 못한다. 자기도 남자지만 남자라는 동물 자체를 못 믿는 것이다. 본인이 딴 생각을 품고 여자를 만나왔으니까 불안한 것이다.

그래서 하나하나 관리하려 든다. 옷을 야하게 입지 마라, 화장 진하게 하지 마라, 남자 연락처는 다 지워라 등등. 이 정도까지는 애교로 봐 줄 수 있다. 하지만 '누구 만났니?, 왜 연락이 안 되니?' 하며 사사건건 간섭할 때는 성가시기 그지없다.

절대 '널 사랑하니까 걱정돼서'가 아니다. 자기 같은 남자가 여자친구에게 접근하는 게 두려울 뿐이다. 심지어는 자기는 바람을 피우면서도 여자를 제 울타리 안에 가두려는 남자들도 있다. 주말에는 거의 연락이 되지 않거나, 전화를 받더라도 "좀 있다 전화할게." 하고는 연락두절인 남자. 하지만 여자친구가 연락이 되지 않으면 안절부절못한다.

"집에 들어가기 전에 무조건 전화해."

"정말 친구랑 같이 있는 거 맞아? 전화 좀 바꿔줘 봐."

너무 사랑하니까 걱정돼서 그런 거 아니냐고? 절대 아니다. 그의 걱정은 자기 여자를 빼앗길지도 모른다는 불안감이 훨씬 큰데다가, 이게 꼭 애정의 많고 적음을 의미하지도 않는다. 그저 암컷을 확보하려는 수컷의 본능에 다름 아니라고 이해하는 게 맞다.

여자들의 연애가 악순환을 반복하는 이유

사람의 선호도는 쉽게 바뀌지 않는다. 연애에서 상대를 선택하는 기준도 마찬가지인데, 주위 여자들을 보더라도 만나는 남자의 스타일이 언제나 비슷하다. 나쁜 남자를 좋아했던 여자는 늘 나쁜 남자를 만나고, 바람둥이 같은 남자를 좋아했던 여자는 늘 바람둥이만 만나고……. 이별이 안 좋게 끝난 다음 '다시는 이런 남자 만나지 말아야지' 하고 맹세하지만 시간이 흐르고 나면 역시나 비슷한 남자에게 끌리는 자신을 발견하고는 한다. 왜 이런 악순환이 반복되는 걸까?

선을 그어놓고 사람을 만난다

인간은 본능적으로 '껍데기'에 약하다. 착하고 모범생 같은 스타일의 남자보다는 준수한 외모에 여자의 마음을 잘 알고 이야기도 재미있게 이끌어가는 남자에게 끌리는 것은 어찌 보면 당연하다. 게다가 자기의 마음에도 들어야 하지만 남들에게 보여주기에도 괜찮은 사람이어야 하는 조건은 예나 지금이나 변함이 없다.

즉, 남자를 보는 눈이 바뀌지 않으므로 매번 비슷한 유형의 남자를 만나는 것이다. 보다 근본적으로는, 남자와의 미래를 생각하지 않고 당장의 성에 차는 남자를 고르기 때문이다.

내게 잘해주고 평생 내 편이 되어줄 사람 vs. 한눈에 반할 만한 남자. 이 외에도 갖은 유형의 남자들이 있겠지만, 한 남자에게 차이기 전에도 헤어진 지금도 후자에게만 마음이 가는 것이다.

한편으로 이런 여자의 심정을 이해 못 하는 것은 아니다. 예전에는 스타일도 좋고 말도 잘하는 남자를 만나왔는데 공부벌레 같은 남자를 좋아하고 싶겠는가? 그럴 확률은 10%도 과하다. 내가 한때는 이 정도 남친을 두었는데 어디서 꿔다놓은 보릿자루 같은 남자와는 만날 수 없다는 게 솔직한 심정 아닌가?

한눈에 반할 만한 남자가 내게도 잘해주고 내 편만 되어준다면야 얼마나 좋겠는가. 하지만 그런 남자가 당신에게 올 확률은 낮다. 그렇지 않고, 바람기 많은 남자에게 차여서 억울하다고 눈물로 지새다가도 다시 바람기 많은 남자에게 마음을 준다면 결과는 어떻겠는가?

앞에서 말했듯 사람에 대한 선호도는 쉽게 바뀌지 않고, 내 마음에 드는 잘난 사람일수록 나를 배신할 확률도 높다는 점을 잊지 말자. 무엇보다, 외모나 능력 같은 걸 다 떠나서 당신을 대하는 상대 남자의 진심을 기준으로 사람을 볼 수 있어야 한다.

이 남자는 아닐 거라는 생각을 한다

연애를 좀 해본 여자들은 바람둥이와 나쁜 남자를 직감적으로 안다. 어딘가 모르게 수상하고 또 여자의 직감에 바람기가 걸리는 경우도 있다. 그런데 문제는 내심 신경을 쓰면서도 자꾸 그 남자에게 마음이 끌리는 것은 어쩔 수 없다는 데 있다. 게다가 바람둥이나 나쁜 남자들은 여자가 자기에게 넘어오지 않으면 않을수록 더욱 노력해 결국 목적을 성취하고야 만다.

나는 자꾸 마음이 가고 상대 남자도 끈질기게 작업을 해오니, 마침내 여자는 자기합리화의 함정에 빠지고 만다.

이 남자가 내게 이렇게까지 했는데…….

이 남자가 내게 이런 말까지 했는데…….

이 남자는 아닐 거라는 생각을 하는 것이다. 다른 여자들은 다 당했는데, 자신만은 예외일 거라는 게 과연 합리적인 판단일까?

비극은 여기에 그치지 않는다. 막상 바람둥이 남자에게 당하고 난 다음 '다시는 이런 남자 만나지 말아야지', '얼굴과 말만 뻔지르르한 남자는 절대 만나지 말아야지' 하며 골백번 다짐해도 소용이 없다.

소개팅에 나가면 착하고 성실한 남자보다 잘생기고 직업 좋고 말 잘하는 남자만 눈에 들어올 테니까. '얼굴 뜯어먹고 살래?'라는 어머니의 성화는 괜히 나온 말이 아님에도, 화려한 사랑을 꿈꾸는 여자에게는 아무 도움이 안 된다.

아무리 예뻐도 결코 사랑할 수 없는 여자란?

첫눈에 반할 만큼 예쁘지만, 만나면 만날수록 정이 떨어지는 여자가 있다.

남자와 잘 맺어지기를 바란다면 사귀기로 한 이후가 더욱 중요하다. 왜냐하면 당신과 사귀기로 한 남자의 기대치는 사귀기 이전에 한껏 높아 있기 때문이다. 즉, 사귀고 나서 시간이 지날수록 당신에 대한 평가는 평행을 긋거나 더 떨어지는 게 보통이다. 당신의 마음을 얻는 그 순간이 산의 정상인 것이다.

그런데, 외모나 분위기에 혹해 당신에게 빠져들었던 남자는 이때부터 당신을 향한 열정이 급격하게 식을 수 있다. 눈에 콩깍지가 씌어 당신에게 다가왔지만, 막상 겪어보니 '아니, 이 여자가 이랬었다니!' 하는 느낌을 받는 것이다.

더욱이 결혼 적령기의 남자들은 외모 말고도 따지는 게 많을 수밖에 없다. '무조건 예쁘면 된다'라는 말은 연애할 때에만 통용된다. 결혼 생활에는 예쁘기만 한 여자는 필요 없다. 남자든 여자든 결혼할 때면 '이 사람 때문에 내 결혼 후의 인생을 망칠지도 모른다'라는 생각을 할 수밖에 없고 또 해야 한다. '연애용'이라면 모를까, 남자의 눈에 비친 여자의 외모가 모든 걸 다 커버할 수는 없다.

무식이 작렬하는 여자

아무리 사회나 정치, 경제 분야에 관심 없는 여자라고 해도 최소한 세상 돌아가는 것은 알아야 한다. 그래야 대화가 가능하다. 설사 모른다고 해도 가만히 있으면 중간은 갈 텐데 엄한 소리를 해서 오히려 무식을 광고하는 여자들을 몇 명 만난 적이 있다.

나는 금융 쪽에 종사하는지라 2008년도 서브프라임 모기지 사태가 발생한 직후 엄청나게 힘든 나날을 보내고 있었다. 그때 만나던 여자가 힘들어하는 나를 보며 이렇게 물었다.

"오빠 왜 모기들 때문에 미국이 망해?"

솔직히 이 말을 듣고 '헉!' 하는 심정이었다. 이런 여자를 두고 내가 더 이상 무슨 말을 하겠는가?

여자가 얼굴, 몸매, 명품에 관심을 가지는 것을 뭐라 하지는 않는다. 하지만, 최소한 대화가 통할 만큼 상식은 갖춰야 한다.

또 다른 여자는, 현재 여당의 최고위원을 맡고 있는 유명 정치인의 사진을 보고는 이렇게 말하기도 했다.

"이 여자 어떤 연예인이야? 드라마에서 한 번도 본 적이 없는데."

나는 사진을 보고 경악했다. TV 토론 프로그램에 10번도 넘게 나왔을 만큼 인지도가 높은 여자 정치인이었다.

아무리 예쁜 여자면 뭐하겠는가? 대화가 안 되는데……. 더구나 겉모습과는 달리 속이 텅 비어 있다면 2세 생각을 해서라도 여자를 다시금 볼 수밖에 없다.

개천에서 용 나던 시절은 한참 전에 끝나고 이제는 교수 집안에서 교수 나오고 의사 집안에서 의사 나오는 시대다. 그런데 세상 돌아가는 이야기에 전혀 관심 없이 외모 꾸미는 일과 연예인 가십에만 관심 있는 여자라면 과연 자식교육을 안심하고 맡길 수 있을까? 더구나 공부라는 걸 해본 적이 없는 여자라면 어떻게 해야 공부를 잘하는지, 어떤 습관을 가르쳐야 공부를 잘하는지 알 리가 없다.

분위기 파악을 못하는 여자

자기주장이 강한 것도 장소와 사람을 봐가면서 해야 한다. 기본적인 예의도 없이 오로지 자기 하고 싶은 말만 앞세우면 함께 있는 사람까지 욕먹게 되는 경우가 허다하다.

예전에 어느 모임에 남녀 커플로 오라는 초청을 받아 여자친구를 데리고 간 적이 있었다. 20명이 넘는 사람들이 전통찻집에서 차를 마시고 다음 장소로는 해물탕집으로 가기로 거의 합의를 보았다. 그런데 이야기가 다 끝나가는 상황에서 데리고 간 여자가 말참견을 했다.

"저는 고기 먹고 싶은데 여기 고기 먹고 싶은 사람 없어요?"

일순간 침묵이 흘렀다. 해물탕집으로 갈 것으로 알고 일어서는 상황에서 여자의 한마디는 가히 충격이었다. 그때 모임 회장이 여친에게

"고기 먹고 싶어요?"라고 물었다. 말이 잘못 나왔을 거라 여기고 만회할 기회를 주기 위해 일부러 물어본 것이었다. 그런데 당당하게 "네."라고 말하는 그녀. 같이 간 내가 너무나도 창피했다. '제명'이 안 된 게 다행이다.

또 한번은 지인에게 사업 투자를 받기 위해 접대 자리를 마련한 적이 있었는데, 레스토랑에서 식사를 끝내고 계산만 하면 되는 상황에서 여자친구 때문에 상당히 난처했던 적도 있었다. 그녀는 지인 앞에서 너무나 당당하게 말했다.

"계산은 우리가 해야 돼요? 나는 스파게티 먹었는데."

식사하는 내도록 "꼭 도와주십시오."라는 내 부탁을 몇 번이나 들었을 텐데, 나는 정말 어이가 없었다.

남자친구의 일에 너무나 무심한 여자

적어도 서로 사랑하는 사이라면 상대방에게 중요한 일, 불상사 등에는 관심을 보이는 척이라도 해야 한다. 굳이 도움이 되지 않더라도 남자들은 여자친구의 말 한마디에 힘을 얻기 때문이다.

오래전, 사업의 성패가 걸린 결정을 앞두고 있을 때였다. 너무나 중요한 결정이었고 여자친구에게도 '내 운명이 걸린 날'이라며 며칠 전부터 몇 번씩 이야기를 했다.

그런데 막상 그날이 되었는데 여자친구는 전혀 무관심했다. 저녁 때 식사하자고 해서 서프라이즈 이벤트라도 기대했지만, 여자친구는 데이트가 끝날 때까지 아무 말도 없었다. 답답한 내가 먼저 말을 꺼냈다.
"오늘 무슨 날인 줄 몰라?"
"무슨 날인데? 뭐 특별한 날이라도 되나?"라고 말하는 그녀. 일이 잘 끝났는지 문자 한 통만이라도 기대했던 나는 결국 더 이상 아무 말도 하지 않았다. 순간 '내가 왜 이 여자를 만나고 있지?'라는 생각만 들 뿐이었다.

얼굴이 예쁜 여자는 한 달이 가고, 요리 잘하는 여자는 일 년, 현명한 여자는 평생을 간다고 했다. 또 이 세 가지를 다 갖춘 여자라면 지구 끝까지 쫓아가서라도 내 여자로 만들라고 했다. 남자들은 흔히 외모가 예쁘면 내면도 그에 걸맞을 거라 여기는 경향이 있다. 하지만 사귀게 되면서부터 드러나는 여자의 내면이 귀엽게 봐줄 수 있는 수준을 넘어선다면, 연애에도 마이너스가 될 게 자명하다.

나는 원래 아무것도 못하니까!
"요리 못해도 괜찮아.", "빨래랑 청소, 아무것도 안 해도 돼.", "시댁 일은 신경도 쓰지 마." 하는 남자들의 말을 믿지 마라. 결혼 전 따로 살 때나, 혹은 당신 마음을 얻고자 내뱉은 공수표에 불과하다.
요즘 젊은 남자들은 이기적이다. 결혼을 하고 나면 여자가 연애 때보다 더 잘해주기를 바라는 게 솔직한 마음이다.
그런데 '나는 원래 아무것도 못해', '나는 이런 거 한 번도 안 해봤는데……'라며 손놓고 있는 여자를 본다면 얼마나 머리 아프겠는가? 결코 여자들에게 요리를 잘하라고 말하는 게 아니다. 단지 못하면 배우려고 하고 맛이 없더라도 다음에 더 잘하려고 하는 의지만 보이면 된다. 공주 대접만 받으려고 하면 결국 '오냐오냐 하며 키웠다'고 당신 친정어머니만 욕먹게 된다.

지름신과 너무 자주 만나는 여자!

결혼한 남자들이 싫어하는 아내의 행동 베스트 5 안에 꼭 들어가는 것이 '홈쇼핑 삼매경에 빠진 아내의 모습'이란다. 남자가 보았을 때 쓸데없는 물건을 꼭 구매하기 때문이다. 청소기가 있으면서 스팀 청소기는 왜 사고, 로봇 청소기는 왜 필요한가?

그처럼 남편이 보기에 쓸데없는 것을 3개월 무이자 할부로 살 때는 그냥 넘어가도, 돈 없다고 와이프가 바가지라도 긁는다면 그때부터 싸움은 시작되는 것이다.

물론 결혼 후 이야기이지만, 연애 시절 여자의 무지막지한 씀씀이를 지켜보는 남자 입장에서는 미래가 불안해지지 않을 수 없다.

첫 만남, 여자와 남자는 서로를 어떻게 생각할까?

여자와 남자가 제 짝을 한눈에 알아보고 곧바로 사랑에 빠진다면 얼마나 좋을까. 하지만 서로가 20년 넘게 다른 삶을 살아왔고 저마다의 이상형도 제각각이므로 '너는 내 운명'을 만나기란 쉽지 않다.

게다가 세상의 절반 인구 중에 한 명을 고르는 게 연애이긴 하지만, 가시권 내에 들어오는 이성의 숫자는 그리 많지 않다. 나이 차가 너무 나서는 안 되고, 능력, 외모 수준 등등 몇 가지만 따져도 마음에 꼭 드는 사람을 발견하기란 서울에서 김 서방 찾기와 별반 다르지 않다.

그런 이유로 주위 인맥, 인터넷, 동호회 등을 통해 적극적으로 짝을 찾아 나서야 할 필요가 생기는 법인데, 일단 소개팅 등에서 가시권 내에 들어온 남녀가 서로를 어떻게 바라보는지에 대해 살펴보자. 바로 내 앞에 있으니 내 짝이 될 확률이 현재로서는 가장 높은 사람, 그는 어떤 생각으로 나를 바라볼까?

연애 초반, 여자 입장에서 바라본 남자의 평가

소개팅에서 남자를 소개받았는데 그는 내가 마음에 드는 눈치다. 한 차례 데이트를 하고 난 다음에도 꾸준하게 연락을 해온다.

일단 스타일은 무난한 편인데, 키가 좀 작은 게 감점 요인이다. 인물 또한 내 취향과 다소 거리가 있지만 자꾸 보면 정이 들 테니까 이건 큰 문제는 아니다. 직장도 그만하면 안정적인 편이고 사람이 착해 보이는 것도 조금 마음이 끌린다.

하지만 아직 잘 모르겠다. 여전히 이 남자가 좋은 것도 아니고 싫은 것도 아니다. 최소한 몇 주, 아니 몇 달은 만나봐야 알 것 같다.

사람에 대한 호불호는 개인 편차가 있겠지만, 여자들의 평은 대개 이런 식이다. 이것저것 꼼꼼하게 다 보고 평가는 해도 상대 남자가 마음에 든다고 해서 속마음을 쉽게 내비치지는 않는다.

즉, '이 남자 괜찮네'라는 판정에도 불구하고 상대 남자의 반응 여하에 따라 태도가 달라진다.

따라서 여자의 반응이 '나를 싫어하는 것 같지는 않은데 그래도 좀 미지근한 편'이라면 실망할 필요는 없다. 최소한 '절대불가' 판정이 나온 게 아닌 만큼 좀 더 적극적으로, 꾸준히 다가가면 충분히 승산이 있다.

남자들 입장에서는 참 갑갑한 노릇인데, 이처럼 한두 번의 만남으로 쉽게 결론을 내리지 않는 게 여자다. 물론 첫눈에 반했거나 오래전부터 좋아하는 마음이 있었다면 이야기는 달라지지만, 대다수 여자들은 몇 번의 만남으로 자기 인생을 결정하지 않는다. 남자를 잘못 만나면 평생 고생할 게 뻔하고 주위에 그런 사례들이 너무나 많으니까 말이다.

요컨대, 여자에게는 적당히 남자를 따라가면서 그를 평가하는 기간이 필요하다. 별다른 생각 없이 남자와 연락을 주고받고 만나는 듯하지만, 내심 정말 좋아해도 될 사람인지 그냥 아는 오빠나 친구로 만나야 될지를 가늠하는 것이다.

연애 초반, 남자 입장에서 바라본 여자의 평가

반면에 남자는 첫 만남 자리에서부터 이미 어느 정도 마음을 굳힌다. 아직 확실하게 마음을 정한 건 아니지만, 적어도 계속 만나볼까 말까는 결정되는 것이다.

여자의 외모가 평가의 일순위가 되는 건 말할 나위도 없는데, 그 밖에 성격, 취향, 분위기 등에 대한 남자의 평가는 정말 제각각이다. 다만, 외모 다음으로는 '여성스러운 분위기'가 큰 비중을 차지한다. 일단 이 조건에서 어느 정도 남자의 기대치에 부응해야 한다.

그렇게, 외모가 괜찮은 편이고 성격도 마음에 들어서 남자는 적극적으로 대시하기로 마음먹었다. 이후 수시로 전화하고 문자를 하면서 여자에게 다가갔다. 저녁식사를 함께 하거나 주말에 영화를 보러 가기도 했다. 여자 쪽에서도 매번 답장이 오고 데이트에 따라 나서는 걸 보면 나에게 관심 있는 게 확실해 보였다. 무엇보다, 당장 만나는 여자가 있는 것도 아니니까…….

이게 첫 만남 직후 남자의 판단이다.

물론 상대 여자가 전혀 마음에 안 든다면 이후 만남은 없다.

그리고 어느 정도 마음에 들어 애프터를 신청하는 경우에도 '정말 마음에 들어서 계속 대시하는' 경우와 '딱히 싫지 않아서 계속 만나는' 경우로 나뉜다. 후자의 경우, 몇 번 만나보고 판단하려는 여자와 마찬가지 아니냐고? 다르다.

남자는 '딱히 싫지 않아서 계속 만나는' 경우라도 좋아하는 태를 내거나 적극적으로 다가간다. 일단 여자가 자기에게 넘어오게 하려는 심리가 깔려 있는 것이다. 심하게 말하면 '아니면 말고' 식 연애에 다름 아니다. 게다가 이 같은 접근에 여자가 계속 응해주기라도 하면 제멋대로 넘겨짚기까지 한다.

"싫은데 만나겠어요? 자기도 나를 좋아하니까 만나는 거잖아요."

남자는 이렇게 단정 짓지만, 반은 맞고 반은 틀린 얘기다. 싫은데 계속 만나는 것은 아니지만 당신이 아주 마음에 들어서 만나는 것도 아니니까 말이다. 이처럼 남자는 여자와 몇 번의 데이트를 거치면서 사귀고 있다는 착각 속에 빠져든다.

한편으로 '정말 마음에 들어서 계속 대시하는' 경우에도 문제는 남는다. 이번에는 여자 쪽이다.

어느 날, 남자는 만반의 준비를 갖추고 여자에게 고백한다. 이때 여자의 반응은 두 가지인데, 호감을 가진 상태에서 얼떨결에 남자의 프러포즈를 받아들이거나 좀 더 시간이 필요하다며 결정을 미루는 것이다. 그런데, 만약 여자의 승낙을 얻지 못하면 남자는 한순간에 김이 빠지고 허탈한 마음마저 든다.

'해줄 것 다 해주고 나니까 이제 와서 싫다는 게 말이 돼! 나를 가지고 논 건가?'

여자 입장에서도 조금은 황당하다. 이 남자가 싫은 게 아니라, 조금만 더 시간을 두고 만나볼 생각이었는데, 갑작스럽게 고백하고는 이후에는 연락조차 없다. 남자가 속이 좁기는…….

남녀가 서로 확인해야 할 것

여자들은 남자가 고백을 해올 경우 거절하기가 참 난처하다고 한다. 남자의 마음을 모르는 게 아니기 때문이다. 자기의 호감을 사려는 노력, 이 남자가 나를 좋아하는 건 눈에 뻔히 보인다.

하지만, 남자의 의도를 확인했으면 자신의 분명한 입장을 처음부터 밝히는 게 좋다.

남녀가 서로에게 호감을 갖게 되면 상대의 마음을 떠보기 위해서라도 연애관, 사랑관, 결혼관 등에 대해 이야기를 나누게 된다. 이때를 기회 삼아 자신의 생각을 들려주는 것이다.

'여자는 자신이 누구를 좋아하는지 아닌지에 대해 판단을 내리는 데 시간이 걸린다'는 사실을 남자들은 잘 이해하지 못한다. 그렇기 때문에 내도록 잠자코 있다가 막상 고백이 거절당하면 남자의 충격은 몇 배 이상으로 다가온다. 아직 사귀는 사이는 아니지만, 남자는 사랑하는 연인에게 배신당했다는 충격을 받는 것이다.

한편으로, 남자는 여자의 태도를 빨리 확인하기 위해서라도 이따금 '좋아한다'는 암시를 주는 게 좋다. "영은 씨는 보면 볼수록 좋은 사람인 것 같아요." 혹은 "자꾸 생각이 나네요."처럼 좀 더 직접적인 표현이라도 괜찮다.

덧붙여, 마음에 드는 여자를 만났을 때 몇 번의 만남 뒤에는 여자에게 아래와 같이 물어보자.

"제가 고쳤으면 하는 거 없어요?"

여자들은 남자에게 마음에 들지 않는 부분이 있어도 그냥 그러려니 하고 넘어가는 경우가 많다. 괜히 남자에게 상처 주는 말을 해봤자 득될 게 없다고 여기는 것이다. 실제로 큰 실수를 하지 않는 이상 '원래 이 남자는 이렇게 사는가 보다'라고 넘어간다.

데이트를 하는 중에는 남자에 대한 여자의 생각을 적극적으로 이끌어내는 방편으로, 또 나중에 사귀게 될 때를 대비해서라도 이 점은 꼭 물어보는 게 좋다.

당장에 이별을
말해야 할 남자

　남녀간 사랑은 참 알다가도 모를 일이다. 남자의 한 번 실수를 용서해주는 것까지는 이해를 한다. 어쩌다가 바람을 피웠다는 정상참작을 하는 것이다.

　남자의 바람과 여자의 바람의 가장 큰 차이점은 '정신적 외도'를 포함하는가 여부다. 즉, 남자는 대개 바람을 피우더라도 원래 자리로 되돌아오곤 하는데, 여자의 바람은 그대로 결별을 의미한다. 몸과 함께 마음도 떠나기 때문이다. 이런 차이 때문에 남자의 바람을 한 번 정도는 용서해주는 경우가 많은 듯하다.

　그런데 두 번, 세 번의 바람마저 그냥 넘어가는 여자의 마음을 어떻게 이해해야 할지 모르겠다. 마음이 모질지 못해 '이번 한 번만'이라는 생각을 했든 어쨌든 남자는 제 버릇을 절대 고치지 못한다.

남자의 바람만큼은 아닐지 모르겠지만, 사귀게 되면 마음고생할 게 뻔히 눈에 보이는 남자들이 있다.

이들 남자의 문제는, 당장에는 함께 살고 있지 않아서 그나마 스트레스가 덜하지만 두고두고 여자를 괴롭힐 게 틀림없다. 당장에 이별을 고하든가 혹은 남자의 습성을 바로잡든가 무슨 수를 내야 한다.

쉽게 토라지는 남자, 이해심이 적은 남자

한창 연애할 시절에 둘이 죽고 못 살 만큼 사랑했더라도 다투는 일은 늘 생기게 마련이다. 정말 사소한 일로 싸우지만 이것 때문에 하루 종일 연락이 안 되고 심지어 헤어지는 커플도 있다.

그런데 싸우는 일은 얼마든지 있다고 하더라도, 남자가 쉽게 토라지는 성격이면 곤란하다. 게다가 이 같은 성격은 아이가 떼를 쓰듯 날이 갈수록 더 심해진다.

물론 연애 초창기 때에는 남자의 이런 면모가 거의 드러나지 않는다. 당신에게 무조건 잘 보여야 하는 그의 입장에서는 엄두도 못 낼 일이다. 하지만, 당신의 마음을 얻고 난 다음에 차츰 남자의 본래 성격이 드러날 텐데, 문제를 더욱 심각하게 만드는 것은 바로 당신의 아래와 같은 태도다.

'사랑하기 때문에 이해한다.'

남자의 마음을 상하지 않게 하기 위해 무조건 이해하고 맞춰주려고

만 한다. 사귀기 전과 비교하면 완전히 역전된 상황이다. '이번에 내가 져주면 다음부터는 잘하겠지, 다음에는 져주겠지' 하는 생각을 하는지도 모르겠는데, 결과는 전혀 그 반대다. 당신이 자꾸 져주니까, 당신에게 먹히니까 삐지고 토라지는 것이기 때문이다.

이것은 가시 돋은 선인장을 가슴에 안고 사랑을 하는 것과 다를 바 없다. 당신의 가슴에 상처가 나든 말든 남자를 보듬기만 한다면 결국 여자만 손해다.

남자가 토라져서 연락을 하지 않으면 같이 연락을 하지 마라. 비록 헤어지는 수순으로 가더라도 그게 정답이거니와, 여자 쪽에서 강하게 나가면 남자가 수그러지기 마련이다.

술주정하는 남자, 욱하는 성질이 있는 남자

시도 때도 없이 헤어졌다가 이내 다시 만나곤 하는 커플이 있다. 이 경우, 문제는 거의 남자 쪽에 있다.

이와 관련한 상담 메일은 대개 이런 식이다.

"그 남자는 서로 조금만 다퉈도 헤어지자는 말을 밥 먹듯이 해요."

헤어져라! 헤어지는 게 낫다. 실제로 이런 말을 하는 남자들이라면 언제든 당신을 떠나갈 남자다.

지금 당장에는 당신밖에 없으니까 곁에 있지만, 괜찮은 여자가 자기한테 오거나 그 여자와 잘될 것 같으면 눈 깜짝하지 않고 당신을 버릴 남자다. 그에게 당신은 '언제 헤어지더라도 마음만 먹으면 다시 사귈 수 있는 여자'이니까.

걸핏하면 욱하는 남자는 술버릇도 고약한 편이다. 제멋대로 헤어지니 어쩌니 하고서는 술에 잔뜩 취해 전화하는 경우도 있을 것이다.

"너 때문에 오늘은 좀 많이 마셨어. 너 잊으려고 마셨는데 더 기억이 난다."

이 말에 절대 속아서는 안 된다. 당신 때문에 술을 마신 것도, 당신을 잊으려고 마신 것도 아니다. 친구들과 어울려 놀다보니까 많이 마셨을 뿐이다. 그리고 친구들이 다 가고 나니까 외로워서 잠깐 당신 생각이 난 것이다.

술에 취해 '진상 짓'을 하거나 인사불성이 되도록 취한 남자들의 반성은 믿을 게 못 된다. 다음 날 술이 깬 다음에 아무리 빌었다고 한들 다시 술자리에 앉으면 까맣게 잊어버린다.

술버릇은 한번 길들면 그것으로 끝이다. 바람둥이가 죽어도 바람둥이 기질을 버리지 못하는 것처럼.

정말 사귀는 사이가 맞는지 헷갈리게 하는 남자

연애를 하는 둥 마는 둥, 심지어는 지금 이 남자와 내가 사귀는 사이가 맞는지 헷갈리는 경우가 있을 것이다. 그 남자는 '바쁘니까 네가 이해 좀 해라, 요즘 골치 아픈 일들이 많아서' 등등 핑계는 다양하지만 남자의 말을 어디까지 믿어야 할지 잘 판단이 서지 않는다.

심지어 이런 남자들도 있다.

1. 친구들과 당구장에 있으면서 여자친구를 불러 한없이 기다리게 하는 남자
2. 크리스마스, 여자친구 생일, 밸런타인데이에 아무것도 안 해주고 대충 넘어가려는 남자
3. 만나서 대충 밥이나 먹고 모텔로 직행하려는 남자

이런 남자들에게서 어떤 애정을 기대할 수 있겠는가? 만약 남자들에게 이런 기미가 보인다면 당신은 '여자친구를 위한 친구'에 불과한 존재일 수도 있다.

평소에는 거의 신경을 안 쓰다가 제 편한 시간에 불러 외로움을 달래려는 남자, 자신의 사생활에 조금만 간섭해도 이내 '귀찮게 하지 말라'며 자리를 피하는 남자도 마찬가지다.

그들이 당신 곁에 머물러 있는 건 달리 자신을 받아주는 여자가 없기 때문일지도 모른다. 다른 사람이 생기거나 하면 아무런 미련 없이 당신을 떠날 사람이다.

여자와 남자가 사귄다는 게 어떤 의미일까?

두 사람이 사귀다 보면 서로 다툴 수도, 회사일 때문에 바빠서 자주 못 만나고 때로는 관계가 소원해질 수도 있다. 하지만, 그 어떤 경우에도 서로에 대한 사랑을 '느낄' 수 있어야 한다.

지금 당장 그 남자에게서 떠나지 못한다면 떠나고 싶어도 못 떠나는 상황이 뒤따를 수도 있다. 아이가 생기거나 나이가 너무 들어 이별 자체가 두려울지도 모른다.

그 같은 남자에게 미련을 갖지 마라. 그 이전에, 남자에게서 떠날 용기가 없다면 그 남자를 변화시킬 수도 없다.

현명한 여자는 사랑을 할 때에도 맺고 끊음이 분명하다. '사랑이 아닌 사랑'을 눈물로 붙잡지 않는다.

이별 후 최악의 복수를 하는 남자

필자가 실제로 듣고 보았던, 남자의 이별 후 최악의 복수 몇 가지를 소개하고자 한다. 남자를 잘못 고르면 어떤 폐해가 있는지 경각심을 고취하자는 차원이다.

아마 연애할 때부터 이런 남자는 싹수가 보였을 것이다. 최악의 남자와 얼른 헤어지라고 앞서 말한 충고를 기억하는가? 연애할 때 진상이었던 남자는 헤어져서도 진상일 확률이 높다.

갑자기 그녀의 집이나 직장에 나타나는 남자

"그녀의 집 앞에서 무조건 기다려볼까요?"

"어떻게든 그녀 맘을 돌리고 싶어요. 그녀의 회사로 가볼까요?"

이별을 당하고 난 후에 그녀를 어떻게든 잡고 싶은 심정은 알겠지만, 회사나 집 앞에서 무작정 기다리는 것은 절대 금물이다.

집으로 들어가는 길목에서 불쑥 나타나는 옛 애인, 혹은 막무가내로 회사에 찾아와서는 입장을 난처하게 만드는 남자, 여자 입장에서는 공포영화 특집이 따로 없다.

입장을 바꿔 생각해보자. 당신이 싫어하는 여자가 집 앞에서 줄기차게 기다리고 있다면 그날 집에 들어가고 싶겠는가?

문자, 전화, 메일로 협박하는 남자

여자에게 강한 집착을 보이는 남자는 간혹 언어 · 신체적 폭력성을 띠게 되는 경우도 있다. 내 주위의 사람들이 당한 바 그대로 전하는 것이니 '설마 그럴 리 있겠어'라는 생각은 말자.

"내가 너 가만히 놔둘 것 같아?"

"밤길 조심해. 언제 당할 줄 모르니까."

이런 말도 안 되는 협박부터 시작해서 "잘살아라. 내일이면 난 이 세상 사람 아니다."라는 자해성 협박까지 진상 짓은 실로 다양하다.

실제로 내가 보았던 남자의 협박 중에는 이런 일도 있었다.

아는 누나가 남자친구랑 이별하려고 하는데 걱정된다며 커피숍의 다른 테이블에서 지켜봐 달라고 해서 따라갔을 때였다. 커피를 주문하고 누나가 그 남자에게 이별을 말하는 순간, 남자가 물 컵으로 자기 이마를 치며 말했다.

"가지 마라. 가면 나 죽는다."

이마가 조금 찢어져서 피가 흐르는데, 저렇게 말하는 남자에게 돌아갈 여자가 있을까? 또 어디 살 떨려서 연애를 할 수 있겠는가?

이보다 더 황당한 케이스도 있었다.

"오빠, 우리 집으로 빨리 좀 와. 너무 무서워."

여자의 다급한 전화를 받고 나는 곧바로 달려갔다. 그랬더니 그녀의 오피스텔 현관문에 부적이 잔뜩 붙어있는 게 아닌가. 부적은 함부로 떼는 게 아니라고 해서 다음 날 아침까지 기다려 무속인에게 부탁해 부적을 뗐는데, 아니나 다를까 "귀신을 불러오는 부적이에요."라는 무속인의 말을 듣고 오싹했던 적이 있다.

여자가 자기를 떠났다고 해서 귀신이 달라붙기를 바라는 남자의 못된 심보는 도대체 어떻게 이해해야 할까?

헤어진 여친에 대한 악성 루머를 퍼뜨리는 남자

연예계에만 악성 루머가 있는 게 아니다. 사내 커플이나 캠퍼스 커플, 동호회 커플 등 주위에 여러 사람이 얽혀있는 커플의 경우, 헤어진 남자들이 악성 루머를 퍼뜨리는 경우도 종종 있다.

'남자 등쳐먹는 여자', '명품에 돈만 밝히는 여자'부터 시작해서 성적인 19금 표현까지 섞어가며 소문을 내는 남자를 보면, 저들이 한때 사랑하긴 한 걸까 하는 의심마저 든다.

이것도 실제 사례를 하나 소개하겠다. 일년을 사귀면서 닭살 애정 행각을 보이던 커플이 있었는데, 남자가 이별을 당한 후에 이상한 소문을 퍼뜨리기 시작했다.

"내가 이 여자 때문에 명품 사준다고 허리가 휘었다."

실제로 이 남자가 명품 핸드백을 사준 것은 알고 있었는데, 그 때문에 소문은 더욱 신빙성 있게 들렸다. 그런데 나중에 사실을 알고 보니, 명품 핸드백을 사준 적은 있지만 여자 역시 더 비싼 명품 시계를 사주었다는 것이다. 그것도 만난 지 1주년 기념으로 교환한 것이었는데, 남자는 그런 내막은 쏙 빼버린 것이었다.

저렇게 한다고 해서 그녀가 돌아올까? 한때는 서로에게 마음을 주었던 사이인데, 왜 그처럼 추한 모습을 보이는 걸까?

남자 못지않게 여자들의 진상 짓도 더하면 더했지 덜하지는 않을 텐데, 중요한 것은 둘의 사이가 좋을 때는 상대의 이런 모습이 잘 드러나지 않는다는 점이다.

하지만 본성은 쉽게 사라지는 법도 아니니 사귀는 도중에 둘의 관계가 잘못되거나 결혼 이후에 헤어지는 경우, 사태를 심각한 지경으로 몰고 갈 수도 있다.

결혼할 남자에 대해 꼭 알아야 할 것들

결혼할 남자는 사랑과 인간성만으로 선택할 수 없는 게 현실이다. 아무 생각 없이 결혼했다가는 연애의 달콤함도 잠시 뿐 결혼생활 내내 씁쓸함을 느껴야 하기 때문이다.

연애는 이 사람이 아니다 싶으면 헤어지면 그만이지만 결혼은 그렇지 않다. 마음에 안 든다고 연락을 안 하거나 잠수 탄다고 그 남자가, 그 여자가 남이 되는 것은 아니다. 엄연히 법적으로 정해놓은 부부다. 검은 머리가 파뿌리가 되도록 꼭 살아야 하는 건 아니지만 결혼 후에 헤어지려면 법원의 허락이 있어야 한다.

따라서 신중해야 한다. 못마땅한 사위 감에 부모님이 그 난리를 치시는 건 다 이유가 있다. 알아보고 또 알아보고, 생각해보고 또 한번 생각해본 다음에 결혼해도 늦지 않다. 특히 여자의 인생은 어떤 남편을 만나는지에 따라서 그 여자 인생 전체의 행·불행이 좌우된다.

다음은 결혼 전 남자친구에 대해 꼭 알아야 할 것들이다.

남자의 모든 빚을 파악하라

일전에 마트에서 혼자 장을 보고 있는데 지인이 판매코너에서 일하는 것을 보았다. 좋은 남자 만나 결혼한 걸로 알고 있었기에, 오지랖 넓은 성격 탓에 이것저것 안 물어볼 수가 없었다.

그녀의 이야기를 들어보니, 신도시에 아파트를 사놓았다고 해서 안심하고 결혼했는데 실제로는 대출이 3억이나 남아 있었다고 했다. 20년 동안 매월 이자만 이백만 원 가까이 갚아야 하는 상황에서 외벌이로는 도저히 감당이 안 돼 생활전선에 뛰어들게 된 것이다.

결혼할 남자의 빚은 남자만의 빚이 아니라 함께 살면서 같이 갚아야 할 '우리의 빚'이 되고 만다. 나중에 뒤통수 맞지 않으려면 결혼 전에 남자의 솔직한 답을 들어야 한다.

아울러 남자 쪽 형제들의 문제는 내 문제가 될 수도 있다. 지인 중에 능력 있는 남편과 평수 넓은 아파트에 사는 이가 있다. 그런데 남편 형님이 사업하다가 쫄딱 말아먹고 동생 집으로 들어와서 3년째 같이 살고 있다. 결혼 전부터 사업이 위태롭다는 것을 알고 있었지만 남편만 잘 벌면 되지 나와 무슨 상관있겠어, 하며 결혼했는데 그런 사태에까지 이른 것이다. 이 책을 읽는 누구에게라도 생길 수 있는 경우다.

또 한 가지, 남자들이 한순간에 크게 망하는 이유 중 하나는 친구에게 발등을 찍힐 때다. 결혼할 남자 주위에 아무것도 가진 거 없이 '인생, 한방이다'라는 모토로 살아가는 친구들을 누구보다 아끼고 잘해주는 남자라면 잘 관리해야 한다. 특히 귀가 얇은 남자라면 더욱더 신중해야 한다.

이런 사람일수록 친구의 투자 유혹에 넘어가거나 친구가 딱해 보증 섰다가 한순간에 가정경제를 파탄으로 몰아갈 사람이다. 사람이 너무 착하고 너무 잘 믿어도 탈이다. 사실, 친구 간에 돈거래 안 하는 남자가 냉정하고 재수 없어도 실제로는 잘 먹고 잘 산다.

아무리 그래도 그렇지, 어떻게 남자의 주위 사람들로 그 남자를 평가할 수 있어요?

일견 일리도 있다. 하지만 겪어봐야 아는 게 아니라 당해봐야 아는 게 인생이다. 그리고 그때는 아무리 후회해도 소용없다. 이미 물 건너간 뒤고 그는 내 남편이니까.

여자가 절대로 결혼하면 안 되는 남자

요즘은 이혼 전문 상담사의 길로 접어들어야 하는 건 아닌가 할 정도로 많은 여자 분들이 이혼에 대해 물어온다. 그녀들은 남편 험담에 나를 동참시키고 싶어 하지만, 사실 결혼은 100% 자기 선택에 따른 결과다. 싹수가 노란 사람은 다 자랄 때까지 기다려봐도 결국 헛일이다. 끝 끝내 노랗다. 결혼하고 나서 개과천선을 하는 경우도 있지만 결혼 후에도 정신 못 차리는 남자들이 더 많다.

그런 남자들의 대표적인 유형 몇 가지만 소개할 테니 참고하자. 연애는 신기루와 같지만 결혼은 현실이다.

돈은 언제든 모을 수 있다고 자신하는 남자

참 먹고살기 힘든 세상이다. 연애는 결혼을 전제로 만나는 경우가 많을 텐데, 이때 남자의 경제력을 생각하지 않을 수 없다. 여기서 경제력이란, 돈을 많이 버는 것 외에도 '돈을 많이 모으는 습관'이 있는지도 함께 살펴야 한다.

갑부의 아들이 아닌 이상 그가 얼마나 많이 벌든 그만큼 지출이 크다면 돈이 모일 리가 있겠는가. 게다가 한번 늘어난 씀씀이는 대오각성을 하지 않는 이상 절대로 줄어들지 않는다. 쉽게 말해, 연봉 5천을 벌어 천을 저축하는 사람보다 4천을 벌어 2천을 저축하는 사람이 낫다는 것이다. 게다가 미래를 설계하고 아기자기한 생활을 꾸려 나가야 하는 결혼에서는 더욱 그렇다.

"어차피 결혼하면 돈은 모이잖아요."

이렇게 말하는 한심한 청춘들이 정말 많다. 주위에서도 '결혼해야 돈이 모이지'라는 말들을 자주 하는데, 이 말을 결혼하기 전에는 멋대로 써도 좋다는 식으로 해석하곤 한다.

또 '아직 젊으니까'라면서 젊고 팔팔한 게 큰 무기나 되는 것처럼 말한다. 한마디로, 돈 무서운 줄 모르는 것인데 이런 습관은 결혼 후에도 쉽게 고쳐지지 않는다. 돈을 모으는 가장 기본적인 원칙, 즉 쓰고 남은 돈을 저축하는 게 아니라 저축할 돈을 떼어놓고 써야 하는데, 아직 젊고 또 결혼하면 그때부터 돈을 모을 거라 자신하는데 이게 지켜지겠는가?

"오늘은 내가 쏠게!"

남자들의 이런 허세는 쉽게 고쳐지지 않는다. 아내가 아무리 야무지게 생활해도 남편이 밖에서 이런 '노략질'을 일삼는다면 집안 살림이 거덜나는 건 시간문제다.

술 좋아하고 사람 좋아하는 남자를 조심하자

같은 남자들이 보았을 때에는 참 좋은 사람, 좋은 친구라도 여자 입장에서는 몇 번이나 속을 뒤집었다 놓을 남자가 있다. 여자친구, 애인, 아내는 늘 후순위로 밀리기 때문이다.

필자 역시 원래 그런 남자였다. 술자리 좋아하고 같이 어울리는 것 좋아해서 누군가의 부탁을 잘 거절하지 못했다. '너 같은 친구 없다', '평생가자, 친구야' 같은 말을 노상 들었지만, 이것도 돈 잘 벌 때 이야기다. 정작 어려움이 찾아왔을 때 저 사람들이 도와주기는 했어도 내가 베풀었던 만큼은 아니었다.

또 사람 좋아하고 술 좋아하는 남자치고 여자 안 좋아하는 남자 없다. 무엇보다, 남편들이 바람을 피우는 첫 출발점은 대개 술자리다. 이 상하게 남자들은 술만 마시면 용감해진다. 그렇게 무섭다고 말하던 아내 앞에서도 당당해지고, 딴 여자를 만나거나 유흥업소 여자들과 하룻밤을 보내기도 한다.

"우리 남편은 술만 안 마시면 참 좋은데."

이런 남편, 애인을 둔 사람이 적지 않을 것이다. 물론 술만 안 마시면 참 좋겠지만, 그 술 때문에 바람나고 살림살이를 엉망으로 만든다는 게 문제다. 억대 연봉을 받아오면 뭐하겠는가? 술값으로 4~5천을 쓴다면 연봉 3천만 원 받는 남자와 사는 것과 별반 다를 게 없다. 이런 남자들은 한 트럭을 갖다 줘도 잘 판단해 트럭만 가지든가 해야 한다.

우유부단한 남자가 아내를 골병들게 만든다

사리분별력이 떨어지거나 맺고 끊는 게 분명하지 않으면 결국 그 폐해는 곁에서 지켜보는 아내 몫이다. 남자 집안 쪽 문제가 생겼을 때 제 목소리를 못 내 아내를 피곤하게 하거나, 받아야 할 돈도 그 사람 입장 생각해서 말도 못 꺼낸다. 안 해도 되는 일을 안면 생각해서 억지로 떠맡는 경우도 많다.

이런 남자들은 껍데기만 놓고 보면 대개 훈남 스타일이다. 사람 좋다는 말만 들을 뿐 실속이 전혀 없다. 밖에 나가서는 제대로 말 못 하고 집안에 들어와 한숨 쉬는 꼴을 보고 있자면, 아내 입장에서는 화병 나지 않는 게 다행일 정도다.

우유부단한 남자들의 가장 치명적인 약점은 '팔랑귀가 많다'는 데 있다. 쉽게 말해, 사기당하기 딱 좋은 남자 유형이다.

예전에 친구 중에 강원도의 어느 도로가 주변 땅 6천 평을 아주 싸게 샀다며 자랑하던 놈이 있었다. 땅을 보여주겠다고 해서 함께 갔는데 정작 땅 문서에 적혀 있는 주소와 자기가 샀다는 주소가 달랐다. 기획 부동산의 농간에 당한 것이다. 그 친구가 산 것은 논밭 뒤에 있는 돌산으로 그냥 앉아서 3억 정도를 날렸다.

이걸 보며 당신은 "남자가 그럴 수도 있죠."라고 할 수 있겠는가?

PART _ 05

운명은 우연을 가장해서 찾아온다

연애는 한순간의 센스로 판가름된다

남자의 연애에서 가장 중요한 요소는 무엇일까?

일반적인 요인으로는 외모, 능력, 스타일 등을 들 수 있는데, 이런 조건을 모두 갖추었다고 해서 연애를 잘하는 것은 아니다. 연애는 혼자서 하는 게 아니기 때문이다. 연애는 혼자서 하는 게 아니라는 것, 여기에 힌트가 있다.

즉, 여자 심리에 대해 알아야 하고 또 상황을 그릴 줄 알아야 한다. 여자가 뭘 원하는지를 알고 거기에 맞춰 대화하고 행동하는 것이다. 이렇게 함으로써 여자는 당신과 공감대를 형성할 것이고 말이 잘 통한다는 느낌을 받게 된다.

이것은 단순히 여자에게 잘해준다는 의미가 아니다. 그냥 잘해주는 게 아니라, 여자가 원하는 것을 잘해줘야 한다. 여기서 여자는 뭘 원하는가, 라는 문제가 남는데, 이것은 답이 쉽지 않다. 세상에는 비슷한 여자는 많아도 똑같은 여자는 없으니까 말이다.

당신이 직접 느껴야 한다. 그 여자의 태도, 말에서 '지금 이 여자는 무엇을 원하고 무엇을 생각할까'를 열심히 궁리해 그 순간, 그 상황에 맞는 답을 찾는 것이다. 이렇게 해서 답을 찾을 수만 있다면 이후의 연애는 술술 풀리게 된다. 요컨대, 여자가 원하는 것을 찾아낼 수 있다면 어필은 한순간에 이루어진다.

설명만으로는 막연할 테니, 근접한 예를 하나 소개하겠다. 여럿이 함께하는 술자리에서 처음 만난 여자에게 작업을 해 성공했던 경우다.

동호회 사람들끼리 선술집 분위기의 허름한 곳에 모여 술을 마시고 있는데, 예정에 없던 여자 3명이 합류하게 되었다.

"제가 아는 여자애들이 올 텐데 괜찮을까요?"

그때 우리는 남자 6명이었는데 늑대의 본성이 어디 가겠느냐며 모두 콜을 외쳤다. 나는 그저 심심하지는 않겠네, 라는 생각으로 지켜보기만 했다.

20분 후에 여자들이 도착했다. 두 명은 외모가 평이했고 나머지 한 명은 백설공주 저리 가라고 할 만큼 미인이었다. 옷차림 역시 다른 여자들이 청바지에 편안한 차림인 반면, 그녀는 원피스를 입은 모습이 화려함의 극치였다.

남자들의 시선이 온통 그녀에게 집중되었고, 다들 좋은 인상을 남기고자 웃고 떠드느라 정신이 없었다. 나는 옆에서 유심히 지켜보기만 했을 뿐 한마디도 하지 않았다.

그녀의 표정에는 약간의 짜증이 섞여 있었다. 이런 데에서도 술을 마시는구나, 라고 생각하는 듯했다. 아마 친구가 오자고 해서 어쩔 수 없이 따라온 것인지도 모른다. 한 동호회 회원이 웃긴 이야기를 할 때도 그녀는 친구에게 "이게 재미있어?"라며 나지막하게 말했다.

그리고 나서 술자리 특유의 흥청망청하는 분위기. 나는 포인트를 찾으며 여전히 침묵했다. 같이 웃고 떠들고 해봐야 고만고만한 남자 취급밖에 받지 못한다. 다른 남자들도 그녀에게 잘 보이는 데 정신이 팔려 내게 말을 걸지 않았다. 그녀가 지금 어떤 생각을 하고 있고, 무슨 생각으로 앉아 있는지도 전혀 파악하지 못하는 것 같았다.

나는 전화를 핑계로 자리에서 일어났다. 여자들은 자리가 어색하고 마음에 들지 않으면 답답함을 많이 느끼는 법이다. 그녀는 곧 화장실에 갈 것이다.

나는 근처 편의점에 가서 일반 캔커피와 스타벅스 커피, 그리고 점원에게 물수건을 얻어 화장실로 향하는 모퉁이에서 전화를 하는 척했다.

예상대로 10분 정도 지나자 그녀가 화장실로 들어갔다. 잠시 후, 화장실에서 나오는 그녀에게 물수건을 건넸다.

"고맙습니다."

"재미없으시죠?"

내가 이렇게 말한 것은 이미 그녀의 상태를 파악했기 때문이었다.

"어머. 어떻게 아셨어요?"

이렇게 말하는 그녀에게 나는 캔커피와 스타벅스 커피를 보이며 말했다.

"스타벅스를 마시는 사람이 레ㅇㅇ를 마시는 곳에 있으니까 그렇죠."
"ㅎㅎㅎ 센스 있으시네."

그녀의 호감을 얻은 다음 나는 그녀에게 새로운 제안을 했다.

"아가씨에게 소주보다 더 어울리는 거 대접하고 싶은데?"
"어떤 거요?"
"어떤 것이든 다 들어줄 수는 있는데, 우선은 여기서 벗어나야 하지 않을까요? 길 건너편 차에서 기다릴게요."

나는 명함을 주고 차에 와서 기다렸다. 그리고 나서 10분 뒤쯤 그녀가 빠져나와 술집 앞에서 친구들의 배웅을 받고 있었다. 나머지 5명의 남자도 우르르 몰려 있었다.

그녀는 인사를 하고 헤어지며 핸드폰을 꺼내들었다. 빙고!

연애 기술은 어찌 보면 아주 단순하다. 일반 캔커피와 스타벅스, 두 개를 산 것은 적절한 비유를 통해 임팩트를 주기 위해서였다. 그녀가 술자리에 머무는 40분 동안 나는 한마디도 건네지 않았지만, 단 한 번의 확실한 어필로 그녀의 호감과 호기심을 이끌어낼 수 있었다.

연애 기술은 거창한 뭔가가 아니다. 그 상황에 맞게, 그녀가 무엇을 원하지를 파악해 상대에게 다가가는 것이다.

가슴에서 시작된 사랑을 '머리'로 완성하라

　연애를 잘하기 위해 남자가 갖춰야 하는 조건 중 가장 중요한 한 가지를 꼽으라면 바로 스타일이다.
　남자는 여자의 어느 한 부분을 본 다음 또 다른 부분을 보지만, 여자가 남자를 처음 만났을 때에는 전체적인 스타일을 먼저 보기 때문이다. 따라서 여자에게 스타일이 어필되지 않으면 아무리 언변이 좋아도 여자의 눈 밖에 나기 쉽다. 이것은 얼굴이 잘생겨도 마찬가지다. 준수한 외모라 하더라도 스타일이 꽝이면 이 남자는 단지 잘생긴 사람 취급밖에 못 받는다. 요컨대, 스타일이 가장 중요하고 나머지 요소는 기본 정도만 갖춰도 연애에는 크게 무리가 없다.
　그런데 스타일과 여심을 잡는 능력 이전에 꼭 필요한 게 있다. 바로 연애를 하려는 의지와 마인드다.
　당연한 말처럼 들릴 수도 있겠는데, 이 여자를 꼭 잡겠다는 의지와 절박감이 연애의 첫 번째 요소가 되는 것이다.
　문제는 이 의지와 절박감을 바탕으로 여자에게 '지고 들어가야' 하는데, 이것을 무조건 잘해줘야 하는 것으로 해석해서는 곤란하다. 역설적이게도 여자에게 무조건 잘해줘서 성공하는 경우는 드물다. 지고 들어가되 주도권을 잡을 줄 알아야 한다.
　연애 초창기에는 여자에게 모든 걸 맞춰줘야 하지만, 한편으로는 내가 원하는 방향으로 연애를 이끌어나갈 줄 알아야 한다는 뜻이다. 솔직히 말해, 만약의 경우 헤어진다는 각오를 하고서라도 내가 원하는 방향으로 연애를 이끌겠다는 마음가짐, 자신감이 필요하다. 이렇게 말하면 걱정이 앞설 남자 분들이 적지 않을 것이다.

"그러다가 그녀가 떠나버리면 어떻게 해요?"

걱정할 필요 없다. 오히려, 그 같은 불안감에 끌려가는 연애를 하다보면 당신의 매력은 아무런 빛을 발하지 못한다.

이 여자 말고도 기회는 또 있다는 각오로 적극적으로 연애해야 한다. 물론 내가 주도적으로 이끌다보면 실수가 나오게 마련인데, 이마저도 두려워해서는 안 된다. 비슷한 유형의 여자를 만났을 때 똑같은 실수를 반복하지 않으면 된다.

연애를 주도적으로 이끌어나가기 위해서는 내가 현재 만나고 있는 '지금 이 여자'와 내 연애에 대해 관찰하고 고민해야 한다. 가슴에서 시작된 사랑을 '머리'로 완성하는 것이다.

여자의 사소한 말 한마디도 기억하라

여자친구 또는 아내에게 사랑받는 비결은 아주 사소한 데에 있다.

여자들은 의외로 사소한 것에 크게 감동한다. 남자의 능력, 재력이 남자를 선택하는 중요한 기준이 되기도 하지만, 사실 여자들은 돈 때문에 감동하지는 않는다.

그렇다면 그 사소한 비결이란 뭘까? 평소에 여자들이 말하는 것을 잘 기억해두었다가 시간이 흐른 다음에 그것을 챙겨주면 된다. 남자친구가 자신을 생각해준다는 느낌을 받도록 하는 것이다. 여자들은 그게 사랑이라 믿는다.

아주 큰 선물, 이벤트가 아니어도 좋다. 물론 기념일에는 뭔가를 해줘야겠지만, 일년 365일 내도록 기념일이 있는 건 아니지 않은가. 뭘

해주면 좋을지는 평소 대화에서 힌트를 찾으면 된다. 전화 통화 중 오간 이야기나 여자의 혼잣말, 아무 생각 없이 툭 던진 말이라도 좋다. 여자의 그 말을 기억하라!

예를 들어보자. 전화 통화 중에 여자친구가 무심코 이런 말을 했다.

"가을이니까 전어 회나 한번 먹으면 좋겠다."

그러고 나서 30분 정도 더 이야기를 나누다가 전화를 끊었다. 여자친구는 나중에 자신의 이 말을 기억해낼 테지만 당장은 대수롭게 여기지 않는다. 남자에게 부탁한 게 아니라 혼잣말 하듯 말한 것이므로 기억에 묻혔다가 그냥 사라지는 말일 뿐이다.

이제, 며칠 후 여자친구와의 데이트 때 이 기억을 활용하면 된다. 극적효과를 위해서는 식사 메뉴를 미리 알려주지 않는 게 낫다.

"밥 먹으러 어디 갈 건데?"

"맛있는 데 있어. 그냥 따라오면 알아."

이렇게 말하며 근처 횟집에 들어가 전어 회를 주문하면 된다.

"너 저번에, 가을이니까 전어 회 먹고 싶다고 그랬잖아. 많이 먹어."

더 이상 아름다운 멘트는 필요 없다. 이 말 한마디면 충분하다. 이것만으로도 여자친구는 당신을 사소한 것까지 다 기억해주는 자상한 남친으로 치켜세울 것이다.

결혼한 남편들도 마찬가지다. 퇴근길 현관에서 아내에게 검은 봉지를 하나 말없이 건넨다.

"이거 뭐야?"

"곶감. 너 예전에 곶감 정말 좋아했잖아. 문득 그 모습이 떠올라서."
"돈 아깝게 뭐하려고 사와?"

비록 말은 이렇게 하겠지만, 나의 사소한 모습까지 기억해주는 남편이 얼마나 사랑스럽겠는가.

이처럼 여자를 챙겨주는 데에는 많은 노력이 필요한 것도, 돈이 많이 드는 것도 아니다. 마음만 먹으면 얼마든지 실천 가능하다.

여자는 큰 것을 바라지 않는다. 사소한 것에 마음을 담아서 주는 것, 이것이 바로 여자들에게 사랑받는 비결이다.

여심을 공략하는 간단 이벤트

여자를 감동시키는 건 사소한 이벤트다.

이벤트하기 쑥스러워하는 남자들이여, 꼭 차 트렁크에 장미꽃 가득 채워서 풍선 수십 개가 하늘 위로 올라가야만 이벤트가 되는 게 아니다. 단돈 몇 만원에 10분만 시간을 들여도 여자를 감동시키는 이벤트를 준비할 수 있다.

포스트잇에 간단 메모하여 식이섬유 음료 챙겨주기

여자들은 1년 365일 다이어트 중이다. 밥 먹을 때마다 "다이어트 중인데.", "먹으면 안 되는데."를 입에 달고 산다.

그러면서도 살찌는 음식만 먹으러 가자고 하고, 한 그릇 뚝딱 비우는 여자를 보면서 '뭐, 이런 여자가 다 있나?'라는 식의 생각은 하지 말자. 밥 먹을 때 깨작거리면 당신의 밥맛이 떨어질까봐 맛있게 먹어준다고 감사하게 여겨라.

그리고 식사가 끝날 때쯤, 편의점에 잠깐 들러 식이섬유 음료에 포스트잇을 붙여 여자친구에게 건네라.

"살쪄도 예뻐할 것이니 오늘같이 맛있게만 먹어줘.^^"

이런 간단한 메모만 적어서 주더라도 여자는 감동한다. 준비하는 데 5분, 비용은 단돈 천 원이다. 바빠서, 돈이 없어서 이벤트 못 한다는 핑계는 대지 말자.

여자친구 어머니에게 선물하라

여자친구 어머니는, 여자친구에게 친구인 동시에 인생의 선배이기도 하다. 사이가 좋거나 나쁘거나 모녀 사이는 여러 가지를 공유하기 마련이다. 밤늦게까지 여자친구와 놀 생각만 하지 말고, 여자친구와 얘기하면서 은근슬쩍 어머니가 무엇을 좋아하는지 물어봐라. 물론 이 자리에서는 내가 뭘 사주겠느니 마니 하지 말고 기억만 하고 있어라.

예를 들어 멜론을 좋아한다고 하면, 며칠 뒤에 그녀와 헤어질 때 "이거 가지고 가." 하면서 건네면 된다. 선물 자체가 기쁜 것보다 흘러 지나가는 소소한 대화 속에서 그 부분을 기억하고 맘 써준 남자친구가 훨씬 고맙고 사랑스럽게 느껴진다.

점수를 더 따고 싶다면 아래 멘트 정도를 덧붙이면 된다.

"네가 샀다고 해. 주말인데 엄마랑 놀아주지도 못한 게 미안해서 사온 거라고."

월요일 출근길, 그녀의 '김기사'가 되어라

매일아침 모닝콜을 해줘도 사실 그렇게 큰 감동으로 다가오지 않는다. 그 대신 서프라이즈 이벤트를 한번쯤 연출해보자.

직장인에게 가장 힘든 날은 월요일 아침이다. 월요일에 차를 가지고 그녀의 집 앞으로 가라. 이 또한 미리 말하지 말고 집 근처에서 전화하는 게 낫다. 직장에서 집이 멀거나 만원 전철을 이용해야 하는 등 출근길이 고달플수록 더욱 효과적이다.

함께 출근하면서 아래 말을 덧붙여도 좋다.

"피곤하고 힘든 날 저녁에는 전화해. 아침에 무조건 데리러 올 테니까."

이렇게 말했다고 해서 악용할 여자는 없다. 단지 든든하고 고맙게 여길 뿐이다. 월요일마다 늘 태워다줄 수 없다는 것은 그녀도 잘 알고 있을 테니까.

추운 겨울 데이트, 핫팩을 준비하라

지난겨울의 폭설과 혹한을 기억하는가? 그렇게 추운 날에 데이트 약속을 잡았다면 미리 핫팩 하나를 준비하고 나가자.

이때 "자기 추울까봐 핫팩 사왔어."라는 저렴한 멘트 따위를 날리면 효과는 반감한다. 그냥 그녀 외투에 몰래 핫팩을 넣어두는 것으로 충분하다. 여자친구는 나중에 외투에 손을 넣고서야 핫팩을 알아차릴 텐데, "자기 추울까봐 준비했지." 같은 멘트도 삼가기 바란다.

"날씨 춥잖아."

이 말 한마디면 된다. 자상한 남자 되기, 참 쉽지 않은가?

관심 있는 남자에게 다가갈 때 주의할 점

어떤 남자가 마음에 든다. 그 남자에게 다가가고 싶다……. 이런 생각으로 가슴앓이를 하는 여자 분들이 적지 않을 것이다. 상사병으로 사람이 죽을 수도 있으니, 그 심정을 이해 못 하는 바는 아니다. 하지만, 어떤 남자가 내 눈에 들어왔다고 해서 무턱대고 다가갈 수는 없는 노릇이다. 대부분의 남자들이 직접적으로 들이대는 여자들을 만만하게 보는 경향이 있는데다가, 당신이 먼저 호감을 보이게 되면 남자의 진심을 알기조차 어렵다.

"이 남자를 충분히 컨트롤할 수 있어요."

"이 남자도 나를 좋아하는 게 보였단 말이에요."

"바람둥이라고 해도 저만 좋아하게 할 자신이 있어요."

제발 이런 착각 속에 살지 말자. 그 남자는 당신에게만 그런 모습을 내비치는 게 아니다.

물론 그에게 당신을 좋아하는 마음이 있을 수는 있다. 하지만, 남자는 '자신이 쟁취한 사랑'과 '그저 굴러들어온 사랑'에 대한 태도 자체가 다르다. 스스로 노력해 얻은 사랑은 소중히 여기지만, 그냥 굴러온 사랑은 한순간의 유희에 불과하다. 그 즐거움이 식상해지면 곧바로 다른 여자를 찾는 게 남자다.

일단 그 남자 주위에서 서성이기만 하라

이상하게도, 여자가 남자를 먼저 좋아하게 되면 눈에 콩깍지가 단단히 씌었는지 남자의 모든 것을 멋지게 봐준다. 그렇게 감정이 앞서다 보니 그 남자의 진짜 모습을 놓치는 경우가 많다.

아무리 좋아하고 사랑하는 남자라고 해도 냉정을 잃지 말아야 한다. 가까이에 머무르면서 냉정하게 그 남자를 지켜봐라. 또 스스로를 보여주는 기회로 삼아라. 단, 그렇게 머물러 있는데도 남자가 당신에게 다가오지 않는다면 아직 당신은 그저 '아는 여자'밖에 안 된다는 사실을 명심해야 한다.

여자가 먼저 호감을 보여서 잘 되는 케이스는 고작 10명 중 한두 명에 불과하다. 그에게 마음을 두더라도 기다려야 한다. 다가갈 게 아니라 그가 당신에게 다가올 때까지…….

여자로서의 감을 믿어라

만약 여자가 먼저 좋아하는 상황에서 친구나 지인의 충고에 지나치게 의지하게 되면 오히려 연애를 그르칠 수도 있다.

그 남자를 잘 알지도 못하는 친구나 지인에게 상담해봤자, 당신보다 그 남자를 잘 알고 이해할 여자는 없다. 무엇보다, 제3자에게 기대어 하는 연애는 당신의 연애가 아니다.

연애의 모든 결정은 당신이 해야 한다. 친구나 지인의 괜한 말로 남자를 평가하지 마라. 나중에 잘못되면 그때 조언한 친구나 지인에게 너 때문에 이렇게 되었다고 투정할 것인가? 설사 그 남자가 바람둥이고 나쁜 남자였다 하더라도 스스로 감당해낼 일이다. 그런 자책과 후회가 쌓일수록 남자 보는 눈도 정확해지는 법이다.

여자친구가 있는 남자의 말을 믿지 마라

"요즘 여자친구와 사이가 좋지 않아."

"조만간 헤어질 거야."

남자의 이 말을 믿지 마라. 현재의 여자친구를 부정하는 남자라면 언젠가 당신도 부정하게 될 것이다. 그가 행여 개념 없는, 못된 여자를 만나 고생하고 있을 것 같은가? 그래서 그 남자의 상처를 보듬어주고 싶은가? 그 남자야말로 개념 없는 고약한 남자다. 여자들아! 정신 차리자. 당신도 똑같이 전 여자친구처럼 될 수 있다.

여자들이 꼭 알아야 할 게 하나 있다. 당신이 먼저 대시하고 싶을 정도로 괜찮은 남자는 다른 여자들에게도 괜찮은 남자라는 사실을 잊지 마라. 숱한 여자들을 거친 그가 당신에게 와서 정착할 것이라는 착각은 말자. '평생 너만 사랑할게, 너만 바라볼게'라고 말하는 남자도 현재의 여자보다 더 좋은 여자가 나타나면 미련 없이 이별 이야기를 들먹일 것이다.

거듭 말하지만, 남자의 진심이 충분히 확인된 다음에 비로소 당신의 마음을 열어야 한다.

남자한테 만날 차이는 여자의 분명한 이유

"왜 저는 만날 차일까요?"
"왜 남자들이 저한테 쉽게 질리는 거죠?"

자신에게 호감을 보이며 다가오는 남자들이 많은 한편으로, 연애가 오래가지 못하는 여자들이 있다. 나름대로 남자들에게 잘해주고 정성을 쏟았는데, 왜 남자들은 쉽게 다가와서는 금세 떠나가는 걸까?

남자들의 대시가 많다는 건 당신이 그만큼 매력적이라는 사실의 반증이다. 하지만, 당신의 매력에 빠져준 남자들이 고마워서, 혹은 다가온 남자들을 더욱더 꼭 붙들어두기 위해 남자에게 잘해주려고 노력한다면 오히려 역효과만 있을 뿐이다. 매력이 있는 여자가 남자와 사귄 이후에 더 잘해준다는데 그들은 왜 떠나갈까?

결론을 먼저 이야기하자면, 당신이 여자이기 때문이다. 사랑하게 되면 그 남자밖에 보이지 않는 데서 오는 문제점이다.

이미 그에게 마음을 내준 당신은 그 남자만 생각하고 그 남자만 보고 싶어 한다. 남자의 부탁을 거절할 줄도 알아야 하는데, 남자의 말이라면 간이고 쓸개고 다 내주려고 애쓰는 당신이라면 아주 바보 같은 사랑을 하고 있는 것이다.

여자는 사랑을 하게 되면 남자에게 양보만 할 줄 알지 뺏어오는 방법을 모른다. 처음에 팽팽했던 줄다리기도 한번 균형이 무너지면 넘어간 선을 뒤집기가 여의치 않다. 한쪽 방향으로 계속 쏠리기 일쑤다.

이처럼 처음에 한 개를 양보하면 남자는 두 개를 원하고, 두 개를 양보하면 세 개를 원해 결국에는 남자에게 줄줄이 양보하게 된다.

때문에 초반의 팽팽한 기 싸움에서부터 승기를 잡아야 한다. 초반 6개월에 모든 게 결정된다고 보면 된다. 연애 초반부터 그 남자를 좋아하는 태를 팍팍 내지 말자. 어차피 초반에는 남자가 여자한테 잘해주게 되어 있다. 이 기간을 충분히 활용하는 것이다.

연애가 중반으로 치닫게 되면 초반 때 열렬하던 남자들도 슬슬 여자를 애태우기 시작한다. 전화도 잘 안 받고, 안 내던 짜증도 내기 시작한다. 다행히 남자가 그렇게 변하기까지 시간은 충분하다.

필자가 만났던 여자의 예를 하나 들어보겠다. 나는 여자를 만나면 대개 일주일 안에 그녀와 연인 사이가 된다. 그런데 6개월 동안 공을 들였던 여자가 딱 한 명 있었다. 그 이유는, 6개월간 친구로 지내며 생각해보겠다고 그녀가 단서를 달았기 때문이다.

그녀가 이렇게 말했을 때 나는 '6개월은 무슨! 길게 잡아야 이주일이다'라고 생각하며 덤벼들었다. 하지만 이 여자는 끝끝내 단호했고 결국 6개월을 기다려 그녀와 사귈 수 있었다. 연인 사이가 된 다음에 그녀에게 물어보았는데, 그녀의 대답이 걸작이었다.

"왜 6개월이라는 시간을 둔 거야?"

"남자들이 다 그렇잖아. 원래, 어떻게 한번 꼬셔보려고 할 때 여자한테 제일 잘해주잖아."

"만약에 그렇게 만나서 네가 차이면 어떡할 건데?"

"그때는 미련 없이 잊어야지. 6개월 동안 충분히 행복했을 거니까."

이 여자를 '남자 말려 죽일 여자'라고 욕할 것인가?

자기만의 연애 방정식을 만들 줄 알고, 때로는 쿨하게 잊을 줄도 알아야 된다. 그게 사랑의 악순환을 끊는 유일한 방법이다.

관심 있는 여자에게 다가갈 때 주의할 점

세상 모든 남자들은 기본적으로 왕자병에 걸려 있다.

제 아무리 콧대 높은 여자도 내가 들이대면 넘어올 거라 생각하는 사람이 적지 않다. 그러다 보니 무조건 들이대다 실패하는 경우도 많다. 그런데 실패해 놓고 '내가 무엇을 잘못했을까'라는 자기반성보다는 '저렇게 나쁜 여자였다니…!' 하며 여자 탓을 하기 바쁘다.

아래는 관심 있는 여자에게 다가갈 때 염두에 두어야 할 내용이다. 이것을 보며 내가 뭘 잘못했는지 반성하는 시간을 가져보기 바란다.

첫 데이트에 올인하라

애프터를 기대한다면 첫 데이트에 모든 것을 다 쏟아 부어라. 흔히들 첫 데이트는 간단하게 서로를 알아가는 단계라고 생각하지만, 첫 데이트가 별로면 다음은 없다.

남자는 여자를 외모로 판단해 처음에 마음에 안 들면 끝까지 마음에 안 드는 경우가 많다. 그러나 여자는 첫 데이트 내내 당신을 평가해 처음에는 별로였다 하더라도 시간이 지나면서 좋아지는 경우도 있고, 처음에는 괜찮았는데 시간이 지나면서 평가가 나빠지는 경우도 있다.

때문에 당신의 첫인상이 좋았다고 해서 마음을 놓아서는 안 된다. 당신은 최선을 다했는데 여자들의 반응이 시큰둥하다고? 그만큼 준비를 제대로 못 했기 때문이다.

서두르지 말고 천천히 다가가라

한국 남자들은 대부분 성격이 급하다. '빨리빨리'를 외치는 민족의 특성이기도 하다. 밥도 10분 만에 후딱 먹어치우고, 술도 '원샷 원샷' 하다가 초저녁부터 인사불성이 되어버린다. 문제는, 이런 습관이 여자를 만날 때도 그대로 적용된다는 것이다.

겨우 한두 번 만났을 뿐으로 아는 것이라고는 '예쁘다'와 '핸드폰 번호'밖에 없는데도 혼자 북 치고 장구 치고 다 한다. 아직 사귀는 사이도 아닌데 '저 여자도 나를 좋아할 거야'라고 제멋대로 결정 내리고 스킨십부터 하려는 남자들도 의외로 많다.

데이트 몇 번에 도취되지 말고 느긋하게, 또 치밀하게 다가가라. 상대의 취향이나 성격, 호불호를 알아야 성공적인 데이트가 가능하다. 당신이 사귄다고 생각하는 데이트가 여자에게는 아직도 탐색전일 뿐이다.

천 명의 여자가 있다면 천 개의 취향이 있다!

   이 세상에 무조건 통하는 연애 기술이란 없다. 연애란 수학 공식처럼 딱딱 맞아떨어지는 게 아니다. '이렇게 하면 여자가 좋아하고 저렇게 하면 여자가 싫어한다'는 법칙이란 있을 수 없다. 그런데 많은 남자들이 전에 A라는 여자에게 먹혔다면 B에게도 반드시 통할 거라 생각한다.

   A라는 여자가 좋아했던 아침 모닝콜 멘트가 B라는 여자에게는 "왜 아침부터 시 적냐?"라는 타박으로 돌아올 수도 있다. '여자들은 뭘 좋아할까'가 아니라 '이 여자는 뭘 좋아할까'를 고민하라.

무뚝뚝한 남자들이 꼭 알아야 할 것

   무뚝뚝한 남자를 싫어하는 여자들이 많다는 것은 그만큼 대한민국에는 무뚝뚝한 남자가 많다는 반증 아닐까? 특히 마음에 드는 여자에게 다가갈 때 무뚝뚝함은 연애의 장애 요소가 되기도 한다.

   말수가 적은 것과 무뚝뚝한 것은 다르다. 말수가 적은 것은 과묵해서 할 말만 한다는 뜻이며, 무뚝뚝하다는 것은 리액션 같은 게 전혀 없다는 뜻에 가깝다.

   쉽게 말해, 강호동이 〈1박2일〉에서 지역 특산물을 먹을 때 리액션이 전혀 없다면 방송이 되겠는가? "맛있네." 하고 마는 것과 "우와~ 진짜 맛있네. 까무러치게 맛있네."라고 하는 것은 과연 어느 쪽이 더 맛있어 보이겠는가?

상대방에 대한 표현 역시 마찬가지다. 아무 리액션 없는 남자와 순간순간 반응해주는 남자, 어느 쪽이 더 살갑게 다가올까?

무뚝뚝한 남자의 해결책은 없는 걸까?

무뚝뚝한 성격은 타고난 것이라 바꿀 수 없다고 여기는 남자들이 많다. 하지만, 세상에 노력으로 안 되는 게 어디 있겠는가.

나 역시 무뚝뚝한 남자의 전형인 부산 남자에, 말수 없고 보수적인 아버지 성격을 꼭 빼닮아 "남자가 그런 거 하는 거 아니다.", "치아라."는 말을 입에 달고 살았지만, 지금은 많이 바뀌었다. 여자들이 나의 무뚝뚝함 때문에 섭섭해한다는 것을 느꼈기 때문이다.

그렇다면 무뚝뚝함을 없애기 위해서는 어떤 노력이 필요할까?

첫째, 할 말에 한마디만 더 덧붙여라.

당신이 인터넷 서핑을 하고 있는데 여자친구에게 '자기야 뭐해?'라는 문자가 왔다면 무뚝뚝한 남자들은 '인터넷', 달랑 이 한 단어만 적고 끝이다. 인터넷을 하고 있으니 틀린 말은 아니지만, 대화로 이어지게끔 주고받는 게 요령이다.

[나 컴퓨터 하고 있는데, 자기는 뭐해?^^]

이 한 문장 추가하는 게 사실 어려운 일은 아니지 않은가?

둘째, 아무리 바쁘더라도 전화를 받았으면 피드백을 하라.

무뚝뚝한 남자들이 가장 많이 하는 실수 중 하나는 피드백이 없다는 것이다. 일이 바쁘다는 것을 핑계로 여자친구에게 온 전화를 "일하고 있으니까 나중에 전화할게."라고 말한 다음 감감무소식이다. 아무리 바쁘더라도 1~2분의 짬은 있는 법이다.

오후 1시에 전화했는데 '10분 뒤에 전화할게' 해놓고 그 10분이 저녁 7시, 8시가 되도록 아무 말 없다면 마음 상하지 않을 여자는 없다. 사소한 약속이라도, 못 지킬 말은 꺼내지도 마라.

셋째, 힘들고 어려운 때만이라도 자상한 남자가 되어주어라.

죽어도 무뚝뚝한 성격을 버리지 못하겠다면 한 달에 한 번, 분기에 한 번만이라도 여자에게 잘하라.

예전 한 여자친구는 월말 3일 동안은 거의 초죽음일 정도로 힘들었다. 나는 그 3일 동안 퇴근 시간에 맞춰 기사 노릇을 자처했는데, 여자친구가 차에 타면 "힘들었지?"라는 말과 함께 하루 종일 타이핑하느라 고생한 손을 꼭 잡고 주물러주곤 했다.

아내가 제사나 김장 때문에 힘들 것 같으면 그날만은 집에 일찍 들어가자. 한쪽 손에 아내가 좋아하는 과일을 사가지고 가서 딱 한마디만 하면 된다.

"오늘 고생했지?"

무뚝뚝한 당신에게도 자상함이 있다는 걸 보여라.

그리고 무뚝뚝한 남편, 남자친구를 둔 여자 분들에게도 한 가지만 조언하자. "타고나기를 그렇게 태어난 것을 어떻게 해."라며 포기하지 마라. 가르쳐야 한다. 남자는 자기가 무엇을 잘못했는지 잘 모른다. 솔직히 무뚝뚝한 게 무슨 죄를 지은 건 아니지 않은가?

여자의 짜증을 부르는 남자의 행동 3가지

여자에게 짜증을 불러일으키는 남자의 행동들이 있다. 남자는 무의식중에 내뱉은 말, 행동이지만 여자는 이를 두고두고 기억한다.

남자란 원래 유치한 동물이다. 유치하다 보니 유치한 장난을 치는 것인데, 그 때문에 여자 가슴에 비수를 꽂기도 한다. 여자가 한을 품으면 오뉴월에도 서리가 내린다 했다. 괜한 후환은 만들지 말자.

첫째, 옆구리 살이나 머릿결을 소재로 장난치지 마라.

여자친구 허리에 손을 감으며 옆구리 살을 만지거나 움켜쥐는 행동은 절대로 삼가라. 누구보다도 본인이 그 뱃살 때문에 스트레스 받고 있는데 "와~, 살 봐라." 했다가는 두 번 다시 스킨십을 못하게 될 수도 있다.

또 시간이 없어 혹은 돈 때문에 미용실에 가지 못한 머리카락을 두고 "머릿결이 안 좋네, 돼지털이네."라고 말하며 장난치면 여자를 두 번 죽이는 것이다.

둘째, 데이트 초기에는 남자가 다 계산하라.

자기가 먼저 만나자고 해놓고 더치페이 운운하거나 여자가 계산 안 했다고 '된장녀'라 매도하지 마라. 데이트 초기 비용을 남자가 계산하지 않는다면, 그녀의 여자친구 사이에서 당신이 매도당할 확률은 99.9%다. 친구들이 "그 남자 이상한 거 아니야? 지가 만나자고 해놓고."라고 말한다면, 그 순간 당신의 평점에도 악영향을 끼친다. 데이트 비용은 여자의 마음을 얻기 위한 투자라고 여겨라.

셋째, 결과만 이야기하는 성격은 버려라.

여자는 과정을 중시한다. 어떻게 해서 그런 행동을 하게 되었는지에 대해 장황하게 설명하는 것을 절대 귀찮아하지 않는다. 반면에, 남자는 과정은 생략하고 결과만 통보하는 식으로 말한다. 이야기를 해줘야겠다고 생각한 것 빼고는 말을 하지 않는다. 참 무미건조하다.

왜 자기가 바쁜지, 지금 왜 힘든지 이런 부분은 이야기하지 않고, "그냥 나 힘들어."라고만 말하고 여자에게 이해해 달라고 하니 소통이 안 되는 것이다. 여자는 말이 너무 많다고 문제 삼을 게 아니라 내 말수가 너무 적은 건 아닌지 돌이켜보자.

남자친구가 많은 여자에게 다가가기

　인기 많은 여자일수록 남자친구도 많고 어장 관리 노하우도 탁월한 법이다. 이처럼 주위에 남자가 많은 인기녀에게 마음을 품었다면 과연 어떻게 접근해야 할까?

　무엇보다, 그녀의 어장 속으로 들어가는 것을 주저하지 말아야 한다. 당신이 장동건 뺨치게 잘생겼거나 빌딩 부자의 아들이 아니라면 어장이 됐든 뭐가 됐든 그 속에 들어가서 기회를 엿봐야 한다. 일단 그 여자와 연락을 하고 만날 기회라도 있어야 맞춤 전략을 짤 수 있다.

빨간 금붕어 무리에서 하얀 금붕어 되기

　그녀의 어장 속에 들어갔다면 어떤 물고기가 있는지, 다른 물고기들은 여자에게 어떻게 해주는지를 잘 관찰하라. 이제 어장 속 수많은 물고기 중 튀는 물고기가 되어야 하는 것이다.

"걔는 다 좋은데 말이 좀 많아."

만약 그녀가 이렇게 말했다면 '이 여자는 말 많은 남자를 싫어한다'는 걸 알아채고 필요한 말은 하되 무게감이 있는 남자로 콘셉트를 잡아야 한다. 사실 이 정도의 유추와 분석은 할 줄 알아야 연애뿐 아니라 원만한 인간관계도 이어 나갈 수 있는 법이다.

빨간 금붕어 무리 속에 하얀 금붕어가 섞여 있다면 한눈에 들어온다. 당신이 그 하얀 금붕어가 되어야 한다.

그녀와 다른 물고기를 관찰해서 얻은 정보를 바탕으로 빨간 금붕어들이 못하는 것을 해야 한다. 그녀가 자상한 남자를 좋아한다면 자상한 연기를 해야 하고, 몸이 좋은 남자를 좋아한다면 현재 운동을 하고 있다는 걸 보여줘야 한다.

이때 '나 같은 남자를 좋아하겠어'라는 생각은 버려라. 남자는 외모를 보지만 여자는 무언가의 특별함에 빠진다.

주위에 남자가 많은 여자라면 그만큼 정말 괜찮은 여자라는 의미이기도 하다. 그렇게 괜찮은 여자를 차지하려는 경쟁자가 많은 것은 당연하다. '나는 안 돼'가 아니라 안 되는 방법만 했기 때문에 지금까지 실패했던 것이다.

'남자친구 있어요' 완벽 대처법

아래는, 마음에 드는 어떤 여자를 만났는데 '남자친구 있다'는 말에 좌절하는 모든 분들을 위한 글이다.

'남자친구 있다'는 여자의 한마디에 좌절하지 마라. 어찌 보면 그건 편안하게 이성에게 다가갈 수 있는 기회가 된다. 남자의 손을 잡고 결혼식 행진곡에 맞추어 식장에 입장하기 전까지, 여자는 어떠한 남자의 아내도 아니라는 사실을 기억하라.

그렇다고 멀리서 바라만 보는 것도 아픔이 있는 법. 여기서는 남자친구가 있는 여자에게 다가가는 단계별 방법을 살펴보자. 반대로, 여자친구가 있는 남자에게 다가가는 것도 마찬가지 요령으로 하면 된다.

♥ 1단계 – 남자친구가 있다면 그저 아는 친구로 다가가라

남자친구가 있다는 여성에게 무조건 잘해줘서 고백해봐야 당신이 차이거나 버림받을 확률은 80% 이상이다. 남자친구가 있다면 그 남자친구와 함께해온 연애 기간이 있다. 그 기간 동안 쌓인 '정'을 무시해서는 안 된다. 당신이 아무리 괜찮고 훈훈한 남자라고 해도 기존 남자친구에게 미안한 마음이 들어 그녀는 당신을 선택하기 어려운 법이다.

우선은 그녀에게 그저 아는 친구 또는 아는 오빠, 동생으로 다가가는 게 가장 좋다. 연인 관계라는 게 항상 좋을 수만은 없기 때문이다.

♥ 2단계 – 현재 남자친구의 약점을 파악하라

무턱대고 그 여자에게 잘해주는 건 부질없다. 친구 사이로는 잘해줘도 좋은 오빠, 좋은 친구밖에 안 된다. 대신 현재 남자친구의 약점을 노려라. 아무리 잘난 남자친구를 둔 여자도 그 남자에 대한 불평불만은 있는 법이다. 이 부분을 집요하게 파고들어야 된다. 만약 남자친구가 평소에 전화도 자주 안 하고 다정다감하지 않다면 당신이 대신 해주면 된다.

여자는 남자에 대해 이런저런 평가를 많이 하는 동물이다. 그녀의 남자친구가 못 해준 것을 당신이 성심껏 해준다면 이것은 분명히 플러스알파가 된다.

♥ 3단계 – 기회가 왔을 때 잡아라

오래된 커플이라면 서로에게 대충 하며 넘어갈 때가 많다. 예를 들어, 예전에는 과음한 여자친구의 전화에 만사 제치고 달려오던 남자라도 몇 년 지나면 "집에 들어가서 전화해." 하는 정도로 애정이 약해지게 마련이다.

이때 여자가 서운함에 당신에게 전화를 했다면, 눈에 불을 켜고 달려가야 한다. 그녀를 집까지 데려다주고 속풀이 해장국을 사주거나, 술 깨는 약이나 위장약을 건네라. 이런 기회를 통해 그녀에게 남자의 희생과 열정을 보여주는 것이다.

현재의 남자친구가 아닌, 어려울 때 기댈 수 있는 이성 친구 2인자 자리에 오르고 나면 1인자에 오를 기회 역시 반드시 온다.

♥ 4단계 – 그녀가 이별했다고 해서 고백을 서두르지 마라

남자친구와 헤어졌다고 해서 바로 들이대는 건 좋지 않다. 그녀가 차였든 찼든, 중요한 건 이게 아니다. 연애가 끝나고 이별 뒤에 오는 충격을 감당할 시간이 여자에게는 필요하다.

아직 충격에서 빠져나오지 못한 그녀에게 '널 좋아해. 사귀자'고 고백해봤자 '아직 남자를 받아들일 준비가 되지 않았다', '이제 남자를 못 믿겠어'라는 대답이 돌아올 확률이 높다.

당장은 그녀가 이별의 상처를 잘 극복할 수 있도록 해줘라. 그녀에게 즐겁고 재밌는 시간을 만들어준다면 오히려 여자 쪽에서 당신에게 먼저 고백할 수도 있다.

남자친구와 헤어졌다고 해서 쾌재를 부르거나 흥분하는 대신, 어떻게 내 여자로 만들지 냉정하게 생각하고 판단해야 한다.

소개팅, 그 오묘한 자리에서 살아남기

소개팅 제안이 들어올 때 남자들이 가장 먼저 물어보는 질문은 "예뻐?"다. 일단 이 대답에 긍정이 나와야 다음 질문으로 이어지는데, 나머지 질문들도 뻔하다. 외모에서 통과되지 않으면 당연히 다음 질문은 없다.

"몇 살인데?"

"하는 일은?"

소개팅은 대개 첫 만남에서 성패가 결정된다. 그래서 운명의 그날이 오면 옷 좀 챙겨 입고 머리에 힘도 줘서 나간다.

서로에 대해 이야기하며 상대방을 살피고 식사 또는 가벼운 술자리가 이어진 다음 끝을 맺는데, 잘되면 좋은 거고 안 돼도 그만이라는 게 소개팅에 임하는 우리의 자세다.

그런데, 정작 중요한 소개팅 전략, 전술에 대한 마인드가 없다. 필자가 누누이 말하지만 연애도 전략이다. 소개팅 역시 성공 확률을 높이기 위해서는 전략 마인드가 필요하다. 그렇다면 구체적으로 무엇을, 어떻게 준비해야 할까?

주선자에게 최대한 많은 정보를 얻어내라

주선자는 소개팅 상대에 대한 정보의 보고다. 특히 주선자가 여자라면 더 많은 것을 알아낼 수 있다. 좋아하는 남성상, 성격은 물론 전 남자친구 이야기 같은 특급정보까지 파악할 수 있다.

그럼에도 불구하고 남자들 대다수는 고작 "예쁘냐?"라는 질문 하나로 땡이다. 상대방이 예쁘다면 그에 걸맞게 당신 또한 매력남이 되어야 하는 현실은 무시하고 말이다.

소개팅 2~3일 전에 미리 전화로 연락하라

소개팅 날짜가 잡히면 2~3일 전에 미리 통화를 시도하라. 단, 주선자에게 미리 연락해도 되는지 물어보고 상대방이 OK 하면 걸어야 한다. 이것은 상대의 기본적인 성향 파악 외에 처음 만났을 때의 서먹한 분위기를 없애기 위해서다. 한두 번의 통화로 약간의 친근함이나마 이끌어내는 것이다.

소개팅 시간은 저녁 5시~7시가 좋다

　소개팅 상대와는 저녁 5시에서 7시 사이에 약속을 잡아라. 사실 처음 만난 여자와 갈 곳은 그다지 많지 않다. 어디 드라이브를 할 것도 아닌데, 대낮에 서로 모르는 청춘 남녀가 만나면 괜히 분위기만 어색해질 수 있다.

　저녁으로 약속을 잡았다면 일단 낮에 두세 시간 정도 낮잠을 자둬라. 성공적인 소개팅을 위해서는 일단 피곤하지 않아야 한다는 게 내 생각이다. 피곤하면 당신이 준비했던 일들도 하기 싫어지고 말실수도 많이 하게 된다. 체력적으로 완벽한 상태를 만들어 최상의 컨디션을 보여줄 필요가 있다.

고급스런 분위기의 카페로 가라

　처음 만나는 자리는 조금 고급스런 카페가 좋다. 남자들이 당구장에서 죽치는 걸 즐기는 것처럼 여자들은 카페에 자주 간다는 사실을 기억하자. 카페에 대한 심미안을 갖고 있는 것이다. 분위기 괜찮고 조용하고 고급스러운 카페라면, 소개팅 자리의 당신에게도 고급스런 이미지가 묻어날 것이다.

말주변이 없다면 창가에 앉아라

　말주변이 없는 사람이라면 창가에 앉는 게 좋다. 창밖으로 시선이 분산되므로 긴장감을 낮출 수 있고, 지나가는 사람, 건물을 대화 소재로 활용할 수도 있으니 일석이조다. 반면에, 말을 잘하는 사람이라면 창가보다는 안쪽 자리가 낫다. 창밖의 화려함보다는, 당신의 말에 상대를 집중시키는 것이다.

휴대폰으로 상대방의 취향과 성격을 파악하라

휴대폰 줄이나 케이스가 단정한 스타일이라면, 약간 도도한 타입으로 남자다운 성격의 이성을 좋아하는 편이다. 이런 여자들에게는 자신감 있게 리드하는 모습을 보여줄 필요가 있다.

"이거 괜찮으세요?"보다 "이거 괜찮습니다. 절 믿으세요."와 같이 확신을 주는 대화로 상대방을 이끄는 것이다.

반면에, 휴대폰 줄이나 케이스가 알록달록하고 튀는 스타일은 성격이 활발한 경우가 많다. 이때는 편안한 분위기를 만들고 맞장구를 자주 쳐주다 보면 데이트가 화기애애해진다.

그런데 이런 타입의 여자들이 도도한 여자보다 마음을 얻기는 더 힘들다. 성격이 활발하다 보니 주위에 아는 사람, 아는 남자도 많다. 처음부터 당신을 너무 많이 보여주지 말고 조금씩, 천천히 다가가라. '어, 이 남자. 볼수록 괜찮네'라는 느낌을 주는 것이다.

소개팅이 끝날 때 작은 선물을 줘라

소개팅이 끝날 때쯤에 길거리 노점상 같은 곳에서 머리핀이나 작은 선물을 사줘라. 여자가 부담스러워하는 것 같으면 아래와 같이 선수를 쳐 '못 받겠다'는 말을 차단해도 좋다.

"이거 가지고 다음에 만나 달라는 소리는 안 할게요. 그냥 고마움의 표시에요."

또 헤어지고 난 후에는 짧은 문자를 보내고 답 문자가 오지 않더라도 전화해서는 안 된다.

최선을 다했다면 하늘이 알아준다는 여유를 가져라. 소개팅에서 정말 중요한 것은 '예쁜 여자가 나왔으면 좋겠다'가 아니라 '내 마음에 드는 여자가 나왔을 때 어떻게 해야 하는가'다.

남자의 사소한 행동이 여자를 반하게 만든다

여자가 마음의 문을 여는 것은 아주 사소한 행동 때문인 경우가 많다. 남자들이 생각하기에 아무것도 아닌 일에 여자들은 '아~, 이 남자구나'라는 생각을 하는 것이다.

여자를 반하게 만드는 사소한 행동 몇 가지만 살펴보자.

약속 장소는 가급적 실내로 잡아라

나는, 여름 데이트는 웬만하면 한 건물 안에서 다 소화한다는 원칙을 가지고 있다. 5분만 걸어도 땀이 흐르는 여름철에 '어디 가면 맛있는 데 있다', '어디 가면 죽이는 집 있다'며 여자를 10분 이상 끌고 간다면 그날 데이트는 이미 끝났다고 봐야 한다.

여름에 여자들이 원하는 것은 맛있는 집이 아니라 어느 정도 분위기 있고, 시원하고, 식사도 웬만한 집이다.

게다가 약속 장소에 어쩔 수 없이 늦을 수도 있는데, 이때 너무 춥거나 더운 날씨에 여자를 밖에서 기다리게 하는 것도 연애의 마이너스 요인이다.

여자의 밥 먹는 속도를 고려하라

호감 가는 여자에게 넌지시 던지는 말에 '밥 한번 먹자'가 상위를 차지하듯 데이트에 늘 빠지지 않는 게 식사 자리다.

그런데 식사 매너를 갖추지 못한 남자들, 의외로 많다. 사실 남자들끼리 밥 먹으면 10분 만에 모든 게 끝난다. 하지만 데이트의 '밥'은 그냥 밥이 아니다. 위장을 채울 요량이면 혼자 먹는 게 낫다.

어쩌다 함께하는 여자와의 식사이고, 여자의 평가는 식사 때라고 해서 예외는 없다. 제발 여유를 보여주기 바란다.

내 주위 여자들의 제보에 따르면, 남친이 식사 속도를 맞춰주지 않는 것은 물론, 맛있는 반찬만 골라 먹는 만행까지 저지르는 남자들도 있다고 한다.

혹시 찔리지 않는가? 내 입에 맛있으면 다른 사람 입에도 맛있다는 것을 잊지 마라. 네 앞에 앉아 있는 여자는 '네가 온갖 정성을 다 기울여 붙잡아야 할' 예비 여친이다. 식사를 할 때에는 음식을 조금씩 덜어주고 깔끔하게 먹는 습관도 들이자.

식당에서 미리 계산하라

어차피 남자가 계산을 해야 하는 상황이라면 화장실에 간다고 하고선 미리 계산하자. 짧은 시간이지만 바로 나가는 것이랑 계산대에서 잠깐 멈추었다가 나가는 것에는 차이가 있다. 여자들에게 굳이 얼마짜리 밥인지 알려줄 필요는 없지 않은가? 이미 메뉴판을 보고 가격대는 대충 알고 있을 테니 말이다.

꼭 집 앞까지 바래다주려고 하지 마라

남자들은 데이트가 끝난 후 여자의 집 앞까지 바래다주는 게 에티켓인 줄 안다. 그러나 여자에게는 오히려 부담이 될 때도 있다.

차로 여자를 바래다준다면 내려 달라고 하는 그 지점에서 내려줘라. 절대 우기거나 하지 말자.

험한 밤길이 걱정된다면 그녀가 차에서 내린 후 전화를 걸어라.

"현관문 앞에 갈 때까지 통화해요. 워낙 밤길이 험해서 걱정돼서 그래요."

그리고 오늘 데이트에 대한 감상, 인사를 짤막하게 덧붙이는 정도로 끝내면 된다.

전화를 먼저 끊지 마라

필자 역시 잘 지켜지지 않는 단점인데, 남자가 먼저 전화 끊는 것을 의외로 싫어하는 여자들이 있다.

특히 '잘 자', '내일 보자'며 말하고 나자마자 종료 버튼을 누르지 마라. 여자가 먼저 끊은 다음에 종료 버튼 누른다고 큰일 나는 거 아니지 않은가?

사소한 부분에서 민감하게 반응하는 게 여자다. 이렇게까지 해야 하나, 라는 허탈함이 드는가? 그렇다면 다시 되묻겠다. 이렇게까지 해서라도 그녀의 마음을 얻고 싶지 않은가?

고백 성공률을 높이는 4가지 방법

좋아하는 이성에게 고백하기 전의 그 떨림, 고백해놓고 받아줄까 안 받아줄까 대답을 기다리는 순간의 팽팽한 긴장감. 사실 '고백'이야말로 연애의 시작이자 하이라이트라 할 수 있다.

물론 고백하는 그 자리에서 차여 술병을 들고 나발을 불어야 할 경우도 생기겠지만 말이다.

여하튼, 이토록 중요한 순간임에도 아무 전략이 없다면 곤란하다. 거듭 말하지만 연애는 전략이다. 특히, 연애의 하이라이트인 '고백의 순간'이야말로 가장 전략적이고 계획적인 접근이 필요하다.

고백은 데이트가 제일 잘된 날에 하라

이성에게 고백하기 위해 D-day를 잡고 하루하루 달력에 X표 해가며 철저하게 준비하는 것이 오히려 재앙이 될 수 있다. 기다리는 시간 동안 긴장감만 높아질 뿐이다.

더구나 '오늘 고백해야지' 하고 작정을 했다면 웬만큼 연애 경험이 있는 상대라면 백이면 백 다 눈치 챈다. 긴장감이 상대에게 전해지는 것이다. 이게 왜 문제가 되는가 하면, 고백 순간이 오기도 전에 상대방에게 '어떻게 해야 이 사람한테 상처를 주지 않고 말할 수 있을까?'라고 거절을 준비할 시간을 만들어주는 격이 되기 때문이다.

때문에, 고백은 어느 정도 만나다가 데이트가 가장 잘된 날에 게릴라 식으로 하는 게 정답이다. 날을 잡아 고백하려고 했는데, 당일 상대의 컨디션이 안 좋을 수도 있고 데이트가 엉망일 수도 있는 등 돌발 악재는 항상 발생한다. 이때를 피해 데이트가 가장 잘된 날 '예상치 못한' 고백을 준비하자.

고백은 얼굴을 마주하고 직접 하라

이성 앞에서 직접 고백하는 것을 꺼리는 사람들이 간혹 있다. 그러나 고백은 상대방의 얼굴을 마주 보고 하는 게 제일 좋다. 지금 내가 얼마나 심장이 두근거리는지, 지금 내가 얼마나 떨고 있는지를 상대에게 낱낱이 보여주는 것이다.

편지나 메일을 통해 간접적으로 고백해봤자 상대에게 생각할 시간만 더 주게 된다. 찬찬히 생각하며 이것저것 따지다보면 성공 확률은 더 낮아지는 법이다.

고백은 심플하게 하라

괜히 있어 보이려고 거창하게 또는 돌려서 고백하지 마라. '나, 너 좋아해'와 같이 정확하고 알아듣기 쉽게 고백하는 게 가장 마음에 와 닿는다. 괜히 어디서 주워들은 이야기나, 말도 안 되는 시구를 열거한다고 해서 고백 성공률이 높아지는 것은 아니다.

또 상대가 '내일 대답할게', '다음에 이야기하자'는 식으로 답을 미루어 듣는 것보다 그 순간에 확답을 들어야 한다. 내 경험으로 미루어보건대, 시간을 끌면 고백이 이루어지지 않을 가능성이 높다.

고백에 실패했다고 잠수 타지 마라

고백이 항상 성공할 수는 없다. 그러나 아예 마음을 접고 다시 안 볼 게 아니라면 고백에 실패했다고 해서 잠수 타지 마라.

미련이 남고 상대를 잊지 못할 것 같다면 여지를 남겨야 한다. 고백에 실패하더라도 '아직 내가 많이 부족하구나' 같은 연결고리를 남겨둔다면 다음을 기약할 수 있다.

특히, 고백에 실패하고서 며칠 동안 연락이 없다가 술에 취해서 전화하는 일은 절대 피하기 바란다. 그녀와의 최소한의 끈을 끊어버리는 찌질한 행동이다.

당신이 어떤 상대를 만나고 어떤 고백 멘트를 했는지 모르겠지만, 고백을 받아주지 않았다고 해서 상대를 욕하지는 마라. 당신의 연애 방정

식이 상대방 마음의 문을 열지 못했을 뿐이니까.

이번에 놓쳤다면 다음에 다시 잘하면 된다. 사실 남녀 사이의 '사랑고백'이야말로 세상에서 가장 스릴 있는 놀이기구가 아니겠는가?

그녀를 마음에 두고 노력하는 한, 언젠가 다시 기회는 온다.

연애는 젊음의 특권이라고 했다. 연애에 미치고 사랑에 미쳐보자. 상대를 그리워하고 애타는 마음이 크면 클수록 그, 혹은 그녀를 얻었을 때의 사랑의 기쁨 또한 커질 것이다.

나만의 연애 경쟁력을 길러 '미친 듯이' 연애해보자.